# A estranha força da canção

Mário de Andrade

**edição brasileira**© Hedra & Acorde 2022
**organização**© Luís Augusto Fischer

**edição**   Paulo Almeida e Janaína Marquesini
**coedição**   Jorge Sallum e Suzana Salama
**assistência editorial**   Paulo Henrique Pompermaier
**revisão**   Renier Silva
**capa**   Lucas Kröeff

ISBN   978-65-99441-28-8

*Grafia atualizada segundo o Acordo Ortográfico da Língua Portuguesa de 1990, em vigor no Brasil desde 2009.*

*Direitos reservados em língua portuguesa somente para o Brasil*

EDITORA HEDRA LTDA.
R. Fradique Coutinho, 1139 (subsolo)
05416-011 São Paulo SP Brasil
Telefone/Fax +55 11 3097 8304
editora@hedra.com.br

www.hedra.com.br
Foi feito o depósito legal.

# A estranha força da canção

Mário de Andrade

Luís Augusto Fischer (*organização*)

1ª edição

hedra  acorde!

São Paulo   2022

**Mário de Andrade** (1893-1945) foi um dos nomes mais importantes do modernismo no Brasil. Além de poeta, romancista, historiador de arte e crítico, foi também um músico de formação erudita que, desde jovem, lecionou na área. Mas sempre atentou também para fenômenos musicais não-eruditos, que vão da música popular mais elementar, como uma cantiga ancestral de roda, ao mais elaborado, como a canção orquestrada para músicos através de partituras.

**A estranha força da canção** reúne dez textos de Mário de Andrade, escritos entre 1930 e 1942, sobre a canção popular brasileira. Assim, apresenta as variações de seu pensamento sobre a música no decorrer do tempo. O estudo da identidade nacional a partir da canção é feito de diferentes perspectivas: "Ensaio sobre a música popular brasileira" e "Gravação nacional" oferecem, respectivamente, um panorama geral do assunto, e uma observação da indústria fonográfica e os ritmos e autores que privilegiam. Já "A pronúncia cantada..." pensa o problema a partir de uma análise linguística do cantar brasileiro. Por fim, em "Dicionário musical brasileiro" encontram-se alguns dos principais termos da música brasileira, com todos os vocábulos próprios e características históricas curiosas.

**Luís Augusto Fischer** é professor titular de Literatura Brasileira no Instituto de Letras da UFRGS, onde leciona desde 1984. Em 1992, criou um curso optativo de Canção Popular Brasileira para alunos de Letras, Ciências Humanas e Música, que funciona desde então. A partir dele, criou-se uma abertura para estudos e pesquisas de pós-graduação, onde tem orientado, com trabalhos realizados já há duas décadas. Articulou a criação do Núcleo de Estudos da Canção, junto à Pró-Reitoria de Extensão da UFRGS, que mantém programação desde então, com palestras, depoimentos e debates entre músicos, cancionistas, estudiosos e interessados. Junto a Guto Leite, organizou o livro *O alcance da canção* (2016), que reuniu uma série de estudos realizados no Instituto em torno do tema. É autor de uma série de ensaios, artigos e resenhas sobre o universo da canção, publicados em jornais, revistas e livros.

# Sumário

Introdução, *por Luís Augusto Fischer* .......................... 7
A ESTRANHA FORÇA DA CANÇÃO. . . . . . . . . . . . . . .39
Ensaio sobre a música brasileira ............................. 41
Gravação nacional ........................................... 77
Carnaval tá aí .............................................. 81
A música e a canção populares no Brasil ..................... 85
A pronúncia cantada e o problema do nasal brasileiro através dos discos . 89
Evolução social da música no Brasil ........................ 113
Romantismo musical ........................................ 141
Trecho de carta a Moacir Werneck de Castro .................. 167
Música popular brasileira .................................. 169
Dicionário musical brasileiro .............................. 181

# Introdução
## O que chamamos de canção popular brasileira?

LUÍS AUGUSTO FISCHER

É relativamente fácil esboçar uma súmula sobre o pensamento de Mário de Andrade acerca da canção popular brasileira. Fácil e enganoso. Mas, espera um pouco: precisamos esclarecer de que se trata. O que chamamos de *canção popular brasileira*?

A definição positiva é óbvia. Trata-se daquela composição que envolve música e letra, em ligação íntima a ponto de qualquer das partes perder muito de sua força ao ser considerada isoladamente, que dura uns três minutos e costuma ser gravada — aliás, sua existência depende fortemente da existência de meios de gravação e de um mercado em que é vendida. Em sentido mais sutil, a canção aqui considerada (há outras, como a canção erudita e a canção da tradição folclórica) expressa o ângulo de visão de um indivíduo, sua experiência pessoal, podendo por isso ser considerada uma obra de arte moderna. Não modernista, calma lá: moderna quer dizer aquela em que está clara a posição do indivíduo criador em relação a sua criação; quer dizer aquela que pode — e quer — ser vista como expressão de uma subjetividade, não como diversão comunitária ou como mera realização de regras pré-existentes. Moderna significa contemporânea do estado burguês, do Romantismo, da economia de mercado, da hegemonia da cidade sobre o campo. Moderna quer dizer com espaço para (e desejo de) invenção, ousadia, originalidade, conservando sempre uma clara capacidade de comunicação com o ouvinte, que entende o que ela diz.

Exemplos não faltam. É a obra de Noel Rosa, Ary Barroso, Ismael Silva, Lupicínio Rodrigues, Adoniran Barbosa, Dorival Caymmi; ou, uma geração depois, a obra de Tom Jobim, Caetano Veloso, Chico Buarque, Paulinho da Viola, Rita Lee, Roberto Carlos. Poderíamos falar de outros países: para a primeira geração mencionada, Carlos Gardel (quase sempre com um parceiro, como Alfredo Le Pera) na Argentina, e Woody Guthrie nos EUA; na geração posterior, a lista é infinita, com gente do quilate de Paul Simon, Paul McCartney, Paul Anka e Pablo Milanés, para ficar apenas em xarás do nosso genial Paulinho da Viola.

Pode-se fazer também algumas definições negativas. A primeira: não é música feita para orquestra sinfônica; não é, quase nunca, composta por gente que saiba escrever na partitura, e, aliás, muitas vezes nem mesmo sabe escrever em português culto; não é portanto música que se chama de *clássica*, ou *erudita*, ainda que em tempos recentes haja concertos de orquestras dedicados à obra de cancionistas populares. Aliás, a canção popular quase nada tem a ver com os *lieder*, como se denominam, em alemão, as canções eruditas, cantadas por cantoras formadas em conservatório e com acompanhamento de instrumento, especialmente o piano. A regra neste caso é tomar um poema erudito e compor uma melodia para que ele seja cantado, bem diferente da generalidade da canção popular que vamos comentar, cujo nascimento é, muitas vezes, algo que desde sempre equilibra letra e melodia mediante a entoação. A canção popular que vamos discutir é obra para ser cantada em geral com singeleza, pouca instrumentação e voz autoral, muitas vezes sem qualquer educação formal em canto. É banquinho e violão, ou guitarra, baixo e bateria, ou cavaquinho e pandeiro, por aí.

Mas a canção popular de que se vai falar aqui também não é — segunda definição negativa — a canção popular anônima, ou de criação coletiva, ou da tradição folclórica, como uma cantiga de roda, ou um canto de trabalho. Esses casos são também canções no sentido de que se trata de peças que juntam letra e melodia de modo íntimo e indesmanchável — "Atirei o pau no gato", "Ciranda, cirandinha", etc.; esta canção aqui não é algo criado por algum indivíduo, e por isso mesmo não expressa um ponto de vista pessoal, não canta uma dor particular nem exalta uma alegria com nome e sobrenome. Essa canção aqui se pode chamar de canção folclórica, tradicional ou anônima (cada uma dessas qualificações tem problemas e pode ser disputada), ainda que venha a ser gravada. Tendo em vista esse tipo de canção, alguns autores pensarão na canção popular brasileira que vamos comentar aqui como *música popular urbana*, sugerindo que a canção folclórica é rural ou ao menos nasce fora das cidades. É outra designação insuficiente.

Última preliminar conceitual: pode haver trânsito entre esses três modelos, naturalmente. Um cancionista popular moderno como Dorival Caymmi compõe canções, como a "Maracangalha", que nem parece ter sido composta por um indivíduo, nem parece ser moderna: ao ouvi-la, parece que estamos entrando em contato com uma forma polida pelas gerações, passada de uma para outra pela tradição oral, perdendo-se sua origem no escuro dos tempos. Mas não: ela foi composta por um indivíduo singular, com nome, endereço e CPF.

Na outra ponta, uma canção erudita pode vir a tornar-se popular e assobiável, ou vir a fazer parte de uma canção popular gravada; da mesma forma, um compositor acostumado a criar para orquestra pode tomar um elemento de música folclórica e desenvolver toda uma ideia a partir dele, como fizeram gênios feito Villa-Lobos. Há casos-limite, como a obra de Arrigo Barnabé, que ousou compor canções de disco e de show, com certa capacidade de circular como canção popular, mas tramadas segundo pautas e exigências eruditas. Há experiências-limite, como o samba "Sinal fechado", de Paulinho de Viola, nascido, diz o autor, da prática de um estudo de Bach.

Seja como for, vamos falar aqui do típico: a canção popular, especificamente brasileira, esta que tem uns três minutos, nasce e se fixa numa simbiose de letra e música, é gravada e é autoral —

e tem expressado a experiência cultural no nosso país de forma marcante, a ponto de podermos dizer que é ela que nos educa, que nos ensina a ser o que somos e a sentir o que sentimos.

## SÍNTESE FÁCIL E ENGANOSA

É relativamente fácil esboçar uma súmula sobre o pensamento de Mário de Andrade sobre a canção popular brasileira. Fácil e enganoso.

*Fácil.* Ele não viu com bons olhos a existência dessa canção como uma forma culturalmente válida ou, menos ainda, uma forma relevante na cultura brasileira. Para ele, o valor mesmo, no campo das variadas manifestações musicais, repousava em dois outros setores: a música de orquestra — erudita, clássica, de alto repertório — e a música folclórica — étnica, tradicional, comunitária, de autoria conhecida.

Mas é *enganoso*. Já pelos dubitativos parênteses acima, bem como pelas hesitações que revelam a existência de um quase pântano conceitual, uma área de areia movediça, uma zona de águas turvas, podemos entrever que é complicada a relação entre as palavras/ conceitos e as realidades que nelas e neles deviam estar descritas. E enganoso também porque Mário não teve o relativo benefício de conhecer, como nós hoje conhecemos, o alcance que a canção popular veio a ter no Brasil, muito especialmente a partir da bossa nova, com o nascimento de sucessivas gerações de talentos indiscutíveis de cancionistas, de que citamos exemplos logo acima.

Também enganoso é, por um outro lado ainda, porque Mário escreveu muito e dispersamente sobre todas as modalidades de música acima mencionadas — a popular, a folclórica e a erudita. Para complicar mais, ou melhor, para matizar mais, ocorre que ele não manteve exatamente os mesmos pontos de vista ao largo dos mais de trinta anos em que escreveu sobre o tema, o que se pode verificar, como faremos aqui, em algumas revisões que o autor promoveu em textos seus. Para flagrar o que exatamente ele pensava será preciso antes demarcar com precisão o momento em que a opinião foi emitida.

Hora então de recusar essa frase, essa síntese fácil e enganosa. De tentar o caminho mais lento e mais justo. A pergunta que guia toda esta apresentação é simples: o que pensava Mário ou, mais precisamente, o que escreveu Mário sobre o que hoje chamamos sem maior dificuldade e com relativa clareza conceitual de canção popular brasileira?

## A HISTÓRIA PESSOAL DE MÁRIO

Mário viveu entre 1893 e 1945. Sobre o tema da música, como dito acima, publicou muito — mas dispersamente. Foi um músico de formação erudita e, desde jovem, de 22 para 23 anos, foi professor na área. Manteve acesa por toda a vida a atenção para os fenômenos musicais não eruditos, que vão do popular mais elementar, como uma cantiga ancestral de roda, ao mais elaborado, como a canção gravada em discos, eventualmente orquestrada para músicos que sabiam ler partitura, vendida com sucesso no mercado e validada pelo assobio anônimo. Entre os vários pontos extremos desse quadro — o polo erudito e o popular, tradição escrita e tradição oral, instrumentos de concerto e instrumentos de batuque, campo e cidade, sagrado e profano, individual e grupal —, mundos inteiros se apresentam e simbolizam a experiência humana em seus múltiplos e contraditórios aspectos, e da mesma forma mundos inteiros se cruzam, se inseminam, se realimentam, por variados caminhos e com diferentes intensidades.

Usemos a régua da história da canção no Brasil para pensar no caso concretamente. Em seu tempo de vida, Mário primeiro ouviu discos gravados em sistema mecânico, que em nosso país começaram a aparecer em 1902 — foi então que se definiu a duração aproximada de três minutos para a canção gravada, porque era o que cabia em cada gravação —, e de 1927 em diante em sistema elétrico. Quase alcançou a gravação em sistema de alta fidelidade na reprodução de sons gravados, que de fato só depois de 1945 se tornou acessível no mercado. Ouviu então aquelas gravações precárias dos primeiros anos do século xx, que captavam mal e mal reproduziam os sons mais complexos, de conjuntos instrumentais como os de chorinho a bandas e orquestras, para depois de 1927 deliciar-se com as sutilezas de interpretação tornadas possíveis com o advento do microfone, do alto-falante e correlatos. Ouvia a ruidosa gravação da voz roufenha do bahiano, e passou a ouvir a delicada interpretação da voz do Mário Reis.

Era um adulto jovem quando o rádio começou a funcionar no Brasil, em caráter ainda precário no *ano-chave* de 1922, para se converter com o tempo no veículo de difusão de música em geral, e da canção popular em especial — fala-se na *era de ouro* do rádio justamente em referência aos anos entre 1932 e 1950, mais ou menos. Isso quer dizer que Mário viu nascer e desabrochar a geração de Noel Rosa, Ary Barroso, Ismael Silva, Wilson Batista, Braguinha, Lamartine Babo, Cartola. Ouviu essa gente toda até que a morte o colheu, ainda jovem, em 1945, aos 51 anos de idade.

Terá tido tempo de ouvir a "Aquarela do Brasil", lançada em 1939, um marco novo no processo já maduro de validação do samba carioca — que passou então de sua forma mais sincopada e batucada com o padrão do Estácio, por sua forma um tanto amenizada, cancionalizada, em Noel Rosa, até o samba-exaltação de Ary Barroso, samba para turista se embasbacar. A "Aquarela do Brasil" foi gravada com um arranjo orquestral requintado, concebido por um músico de formação erudita exigente, Radamés Gnattali, sem a batucada dos músicos empiristas do morro e do mangue. Mário teve o benefício de conhecer e ver desenvolver-se a obra de uma geração decisiva para a canção popular no país.

Mas há outro exercício de datação que pode resultar interessante. Que coisas, que figuras, que conquistas Mário não conheceu, no campo que hoje chamamos serenamente de canção popular brasileira, figuras e conquistas que para nós são o ar que respiramos, já tão integradas e internalizadas na produção cancional no Brasil? Há quatro momentos/ movimentos que foram vanguarda mas também expressam mudanças tectônicas, profundas, massudas.

O primeiro: a bossa nova, uma modernização na forma da canção brasileira que a levou a ser conhecida mundo afora. O segundo: o significativo aporte letrado ao plano da rotina da canção no país (e não só em nosso país), em mais de uma geração, desde antes da bossa nova, passando pelas décadas de 1960 e 1970 e alcançando o século XXI. O terceiro: a vigorosa invenção da Tropicália, a feroz e libertadora geleia geral que tem se mostrado capaz de capturar cenas brasileiras como poucos outros discursos. O quarto elemento: o rap e sua impressionante capacidade de expressar e simbolizar, no plano da canção, a experiência vital de pobres, pretos e periféricos, a partir especialmente do trabalho dos Racionais.

O que Mário teria dito de cada um desses momentos? Como teria acolhido essas fortes mudanças no campo da canção em seu quadro conceitual? Que alterações esse quadro teria sofrido caso Mário os tivesse conhecido? Jamais saberemos, é claro. Trata-se de especulação, que nos ajuda mesmo assim a localizar historicamente as visões do autor sobre a canção popular brasileira.

Acrescentemos mais um patamar de complexidade: Mário de Andrade se associou, segundo mais de uma maneira, às pesquisas do folclore — e *folclore* é outro tema fugidio. Termo inventado em 1845, pela junção de *folk*,[1] e *lore*,[2] significa originalmente o conjunto de histórias transmitidas oralmente por um povo — de um lugar de fora das grandes cidades, que tende a homogeneizar registros culturais anteriores e extraviar singularidades, fazendo-as cair no grande caldeirão da cultura de massas que no qual a tendência é transformar tudo em mercadoria —, o folclore se forjou numa zona que fazia fronteira ou tinha intersecção

---

1. Em tradução do inglês, *povo*.
2. Também em tradução do inglês, *conhecimento*.

com campos do saber já bastante nítidos, como a história, e com outros em processo de invenção ou consolidação, como a sociologia e a antropologia, assim como com outras disciplinas que na Europa contavam com carreiras muito nítidas, como a filologia (o nome antigo dos estudos literários) e a música.

Ao nomear todos esses campos, já se vê o tamanho da encrenca conceitual implicada no nome *folclore*. Mas é pior ainda. No Brasil e noutras partes, especialmente da América, os anos de 1920 a 50 são o tempo da estruturação das modernas áreas universitárias de humanidades, letras e artes — e afinal, onde entraria o folclore nisso tudo? Seria um departamento, como antropologia? Ou seria uma parte da sociologia? Um assunto a mais na preparação de professores de música? A filologia deveria meter sua lente no estudo das coisas tidas como folclóricas?

Todas essas alternativas estavam no horizonte e foram se configurando variadamente, conforme as circunstâncias de cada cidade ou país. Para além delas ainda outra dimensão se sobrepôs: criada a ONU, em 1945, logo foi organizada a seção de Educação, Ciência e Cultura, a UNESCO, que em 1946 tratou de recomendar aos países-membros que organizassem *seções de folclore* em toda parte, como forma de proteger ou ao menos de salvar do soterramento várias modalidades de saber e de lazer que correspondiam a formas de convivência social pré-modernas, pré-mercado, de transmissão oral, de permanência incerta porque dependente da memória coletiva, da intuição, da vida comunitária. Mário não viveu para ver essa institucionalização, mas em seu tempo de vida foi, ele mesmo, um agente de colecionismo folclorista, quando produziu e protagonizou missões de coleta de material folclórico (especialmente nos anos 1927, 28 e 29, com viagens ao Norte e ao Nordeste do país) e dirigiu o Departamento de Cultura da capital paulista (em 1936 e 37).

Aquilo que nos anos 1940 podia ser chamado serenamente de *fato folclórico*, como um cantoria comunitária, um joguinho infantil feito com ossos de animais ou uma técnica de costura, passou a ser disputado, por assim dizer, por várias áreas do conhecimento e da prática social. Criaram-se grupos de prática organizada de coisas que a disciplina folclórica recolheu da dispersão da vida vivida. Grupos que pareciam tranquilos ao considerar o fato folclórico como parte de uma tradição assumida como verdadeira para a região — são sociedades de canto e dança tradicionais, centros de tradição, exposições para venda de produtos de fabricação até ali espontânea e comunitária, etc. —; nos estudos acadêmicos, uma problematização intensa para averiguar se essa matéria-prima merece ser abordada numa área autônoma ou deve ser alocada em alguma das ciências humanas. Uma geração depois da morte de Mário, se estabelece uma zona de fronteira compartilhada entre Música e Antropologia que vai se chamar *etnomusicologia*, que lida, por exemplo, com práticas musicais não escritas, populares, coletivas, etc., como as congadas, o jongo ou certas modalidades de samba. Mário, se vivo, teria virado um etnomusicólogo, provavelmente.

Isso para nem falar de intensos, renovados, frutíferos trânsitos entre esse mundo musical, popular e espontâneo, e a produção de canções e de música em geral para o mercado, desde o século XIX, no tempo da impressão de partituras, até hoje, na era da internet e dos formatos digitais. Quando Caetano Veloso grava, em formato digital, um samba de roda que originalmente era cantado e dançado comunitariamente, e essa gravação é vendida e permite reprodução em outros ambientes, digamos numa festa urbana de gente de formação universitária — o que está acontecendo? Que conceito pode abranger e descrever esse caso? O samba original deixou de ser o que era? Se transformou? Perdeu algo? Ganhou algo?

## A CANÇÃO EM TRÊS MOMENTOS

Dado esse quadro histórico aproximativo, é hora de mergulhar nas concepções e impressões que Mário de Andrade escreveu. Como dito antes, o material é vastíssimo, e parte dele vai estampada neste volume. Naturalmente, um estudo introdutório como este não pode pretender a exaustividade — há teses de alto valor abordando a visão de Mário sobre música, como por exemplo "Da música folclórica à música mecânica — uma história do conceito de música popular por intermédio de Mário de Andrade" (1893-1945), de Juliana Pérez González.

O que vai adiante é um mapeamento da visão de Mário sobre a canção popular brasileira, dividida em três seções. A primeira repassa alguns dos mais importantes escritos do autor no tema até 1930 a 31, que acompanha o problema até o momento inicial da carreira daquela geração que fez o rádio e se fez no rádio, Noel Rosa por exemplo. Nesta fase se destaca o famoso *Ensaio sobre a música brasileira*, de 1928.

A segunda seção vai abordar os textos de Mário produzidos entre esse limite inicial e os anos de 1940 e 41 — neste ano Mário volta a viver em São Paulo, depois de uma intensa experiência vivida na então capital, o Rio de Janeiro, entre meados de 1938 e março de 1941. O Rio era, então, o epicentro da vida musical popular no país, ou ao menos o centro das relações entre criação cancional, gravação e divulgação via rádio e shows. Há ensaios importantes produzidos nesse tempo, que representa um período intermediário de produção e de conceitos, e na cronologia da história da canção popular que nos interessa aqui temos a baliza importante representada pela gravação já mencionada de "Aquarela do Brasil", em 1939.

A última seção abordará os escritos e reescritos até o final de sua vida, em fevereiro de 1945 — antes do final da Segunda Guerra Mundial, que pode ser datado de maio desse ano, quando os Aliados derrotaram Hitler, evento que o motivou a reflexões sobre o papel da arte num mundo assolado pelo nazismo, e antes da queda do Getúlio do Estado Novo, em outubro daquele ano.

### DEFINIÇÃO PRÉ-MODERNISTA

No mencionado *Ensaio sobre a música brasileira*, de 1928, Mário trabalha com um par de conceitos opostos que até então parecem suficientes para dar conta do mundo da música. De um lado, há a *música artística*, quer dizer, erudita; de outro, a *música popular*. A primeira vem caracterizada no ensaio como *imediatamente desinteressada*, enquanto a segunda é *interessada*, ou *de circunstância*. Nessa oposição se expressa uma diferenciação corrente no final do século XIX, naquele tempo posterior ao Romantismo que, no Brasil, se tornou conhecido pela extraordinária força do Parnasianismo, que propugnava "a arte pela arte", ou seja, justamente essa *arte desinteressada*. É uma definição pré-modernista, ou, para evitar a confusão com o termo que no Brasil se usa como óbvio, o Modernismo (que não é nada óbvio), uma definição anterior às vanguardas estéticas que povoaram o Ocidente, do Simbolismo em diante.

A ideia de que a *melhor* arte seja qualificável como *desinteressada* é, por si, a expressão de um conceito que seria derrubado vivamente pelas vanguardas e pelo século XX em geral: para essa visão, reiterada aqui por Mário de Andrade, a boa arte não pode ter interesses para além de sua própria expressão, sua mera existência: não pode expressar uma visão do mundo, não pode expressar uma ideologia, uma utopia, nem pode pretender por exemplo ter valor de mercado. Veja-se que neste espectro praticamente não há espaço para o que nós hoje chamamos de canção popular, que nem aparece aqui.[3]

A solução para as dificuldades da criação musical brasileira estaria, para o autor, em encontrar-se com o Brasil, com a brasilidade. "Uma arte nacional já está feita na inconsciência do povo", ele afirma. A ordem dos fatores então deve ser:

1. Atenção ao povo;

2. Encontro com a brasilidade;

3. Verdadeira criação nacional.

3. Em 1945, ao final de sua vida, Mário dirá quase o contrário: defenderá o engajamento da arte, quer dizer, a produção de arte interessada, na conjuntura de combate ao nazismo, como veremos adiante.

Nessa sequência, estaria resolvida a distância entre as duas modalidades de música: "O artista tem só que dar pros elementos já existentes uma transposição erudita que faça, da música popular, música erudita, isto é: imediatamente desinteressada." O processo então seria simples: há uma forma excelente, insuperável, que é a música erudita ou artística, aquela que é desinteressada; na direção desse ideal é que a música popular (que é interessada, de circunstância) deve ser conduzida pelo artista que souber auscultar a inconsciência do povo, onde repousa a arte nacional.

Visto de hoje, o ensaio guarda complexidades meio estranhas. Não é que Mário tenha preconceito contra alguma modalidade de música. Logo no início do ensaio ele passa pelo padre José Maurício e por Carlos Gomes e Villa-Lobos, mas também pelos Oito Batutas, o grupo liderado por Pixinguinha que teve enorme papel na divulgação do chorinho, no Brasil e em outros países, e por Sinhô, talvez o primeiro compositor popular a usar a palavra *samba* para definir-se — ele foi o primeiro a se qualificar como "rei do samba". O ponto problemático, no plano conceitual, parece estar ainda na relação do Brasil com a Europa. "Até há pouco a música artística brasileira viveu divorciada da nossa entidade racial" é a frase que abre o ensaio.

Como se pode deduzir, então, é ainda uma briga com a Europa, uma luta pela diferenciação do nosso país em relação com a Europa, num eco perfeito da longa jornada modernista paulista em busca de sua afirmação e conquista da hegemonia nacional — que foi obtida, com o tempo. A proposta, nos anos iniciais, era encontrar uma nova definição de nacionalidade, uma nova síntese que representasse a "raça brasileira", segundo a denominação usada por Mário, que ao mesmo tempo fosse comparável com aquela configurada com o romantismo de Alencar, escritor que era uma confessa admiração de Mário, e contrastável com o que parecia ser o abandono do nacionalismo por parte dos escritores da capital nacional na virada do século, como os parnasianos e mesmo como Machado de Assis, tão pouco nacionais na visão de Mário.

No campo específico que aqui interessa, a averiguação dos conceitos do autor quanto ao mundo da canção popular, a figura de maior relevo parece ser a de Sinhô.[4] No auge de seu prestígio em 1928, com gravações, polêmicas, sucesso e mesmo com prestígio entre letrados inventivos — em 1929 ele viajaria a São Paulo, a convite dos *antropófagos* de Oswald de Andrade —, Sinhô é visto por Mário numa posição singular: "Os maxixes impressos de Sinhô são no geral banalidades melódicas. Executados, são peças soberbas, a melodia se transfigurando ao ritmo novo."

O que temos aqui nesta declaração é preciso: ao mesmo tempo que Mário vê banalidade melódica, percebe originalidade rítmica, e aqui estaria uma das riquezas realmente fortes da música brasileira. Quanto à expressão "maxixes impressos", vale uma análise: primeiro, *maxixe* era inicialmente o nome de uma forma de dançar aquele tipo de música que não era mais a polca, nem era o puro batuque, e agora era um gênero musical, ainda não a síntese nova do samba carioca, nem o chorinho estável. O nome da dança passou a designar o estilo musical, de que "Jura", de Sinhô, é exemplo ainda hoje vivo. Já o *impresso* quer dizer o escrito, o fixado na página, que resulta frio e banal. De certa forma, Mário parece aqui estar marcando a posição limítrofe de Sinhô, não apenas entre a forma fria do impresso e a forma quente da performance, mas também entre o cerebral, escrito, ligado ao campo erudito e, na outra ponta, o corporal, espontâneo, mergulhado no campo iletrado, oral, popular. A mediação entre os dois lados se faz, já em 1928, pelo impresso e pelo gravado, na partitura e no disco.

Dá para perceber uma certa ambivalência de Mário de Andrade? Pois é. Os dois polos em que dividia a música — a alta, desinteressada, artística, erudita, e a baixa, de circunstância, po-

4. João Barbosa da Silva, RJ, 1888–1920.

pular — já não eram mais suficientes para acolher essa forte novidade, justamente a canção popular de um Sinhô, que certamente não atuava no campo erudito, mas também não podia ser enquadrado no outro campo, aquele em que se localizavam as canções ditas folclóricas, de matriz rural e circulação comunitária. A simpatia de Mário para um caso como o de Sinhô faz par com outro argumento seu, neste ensaio de 1928: a "destruição do preconceito da síncopa", porque nela estava uma marca essencial da criação musical popular no Brasil — e "a música popular brasileira é a mais completa, mais totalmente nacional, mais forte criação da nossa raça até agora".

Essa segurança dava ao estudioso a sensação de que era preciso investigar bem o fenômeno, para entender o processo que tinha, no fundo, o mesmo sentido geral do programa modernista que sua turma levou adiante, a saber, a redefinição da identidade do país, segundo parâmetros novos. Se era verdade que havia muitas influências sobre a criação musical entre nós — do mundo espanhol ou hispânico, com a habanera e o tango, das danças europeias populares, com a valsa, a mazurca, a polca, e do flamante jazz norte-americano —, também era certo que as matrizes lusas, africanas e ameríndias tinham solidez na formação da cultura brasileira.

Mas persistiria, até o fim de sua vida, a hesitação de Mário em aceitar plenamente a canção popular autoral gravada e comercializada como um produto válido da cultura brasileira. Hesitação que se devia em parte, talvez, a certo preconceito dele para com a música que encontrava mercado entre os meios modernos de gravação e difusão, como o disco e o rádio, percepção que se completava com a fantasia de que a arte erudita e a arte popular estavam acima e fora do mercado, a primeira porque era *desinteressada* e sublime, a segunda porque vinha da fonte pura do povo anônimo e iletrado.

A certa altura do ensaio, Mário chega na vizinhança de um novo conceito, que seria capaz de designar essa outra modalidade de canção, como a de Sinhô, de que ele gostava e não gostava, e que não era mais nem erudita nem folclórica. A designação é ainda tateante: "Na cantiga praceana o brasileiro gosta de saltos melódicos audaciosos de sétima, de oitava", como se ouvia na criação de Chiquinha Gonzaga, "e até de nona que nem no lundu 'Yayá, você quer morrer', de Xisto Bahia."

*Praceana* quer dizer *da praça*, isto é, da cidade, urbana, ali naquele caldo grosso de cultura em que tudo circula e se mistura, perdendo a nitidez daquela divisão tão sólida com que Mário lidava (mas que não dava mais conta da realidade) mas ganhando justamente a novidade, o frescor da criação, que tanto futuro teria, no rastro das Chiquinhas e Sinhôs. A palavra *praceana* trai a ambivalência de Mário ao lidar com a canção popular: quem diz praceana está dizendo ao mesmo tempo *urbana* como mera designação geográfica e, na direção contrária, sugere que é coisa submetida ao comércio da praça, coisa vulgar, rebaixada.

Em artigo de 1930, "Gravação nacional", Mário discute o valor etnográfico dos discos. Sua pergunta inicial poderia ser escrita da seguinte maneira: podemos confiar nos discos que a indústria tem colocado no mercado como fonte de documentação etnográfica? Vista agora, a pergunta tem um quê de descalibrado: por que o valor de um disco estaria em ser documento de estudo de folclore, afinal? Mas o simples fato de que Mário formule o problema revela a lente pela qual filtrava a novidade da canção popular urbana, *praceana*, que ele obrigava a caber nas duas polaridades acima mencionadas, ou bem como arte erudita e desinteressada, ou bem como arte popular e espontânea.

Mas a *praceana* não cabia bem na disjunção. E mesmo assim Mário não hesitava em manter a lente em funcionamento. Daí sua lamentação de que o disco brasileiro seja "quase que exclusivamente do domínio da música popular urbana", "banalizada pelos males da cidadania". Em vez de detectar a novidade cultural e aceitar sua força, Mário a tratava como um incômodo. Atrás desse tratamento mal se escondia o preconceito do crítico para com a cidade, o cadinho cultural urbano. Vamos ver que nos dois momentos seguintes a visão do crítico vai sofrer alguma mudança justamente nesse ponto. Estava começando a se apresentar no cenário a geração de Noel Rosa, Ismael Silva, Ary Barroso, Geraldo Pereira e tantos outros mais.

A CIÊNCIA DO FOLCLORE

A roda do tempo girou e Mário permaneceu atento. Por um lado, se firmava, na década de 1930, o ensino universitário, que na USP, exemplarmente, acolhia a moderníssima ciência social chamada de sociologia, em cujo âmbito havia lugar para o estudo das práticas culturais populares, sob a rubrica do folclore. Seria este o lugar para a canção popular que agora era veiculada no rádio? Por outro, pela mesma época acontecia uma inesperada profissionalização no *metiê*: gente que até há pouco compunha sambas para se divertir com os amigos, para namorar ou chorar as dores da saudade, em caráter amador, agora se via envolvida pela lógica do mercado, podendo ganhar um inesperado dinheiro com a antiga diversão, com o tempo alguns chegando a viver dos ganhos da música (venda de discos, cachês, etc.), que ia ser assobiada porque ia ganhar o coração dos ouvintes. Isso tudo ocorrendo nas cidades, aquele ambiente que, vimos antes, Mário abominava, por causa dos *males* que impunha. E agora?

No estudo "A música e a canção populares no Brasil", de 1936, o crítico paulistano tem mais cautelas do que antes. Seu foco, aqui, é o que chama de a ciência do folclore: "Tanto no campo quanto na cidade florescem com enorme abundância canções e danças que apresentam todos os caracteres que a ciência exige para determinar a validade folclórica duma manifestação." Parecia haver segurança no estabelecimento dos juízos, por parte dessa ciência.

Mas apenas parecia, porque na América as coisas não eram tão nítidas. Por um lado, seria "de boa ciência afastar-se de qualquer colheita folclórica e documentação nas grandes cidade, quase sempre impura" — quer dizer, a pureza estava no mundo rural. Mas essa restrição fazia pouco sentido no Brasil: aqui, "as condições de rapidez, falta de equilíbrio e de unidade do progresso americano tornam indelimitáveis espiritualmente, para nós, as zonas rural e urbana." Dá pra ver que Mário, agora, está quase abandonando aquela polaridade simples, com arte erudita estando para a cidade assim como arte popular estaria para o campo. Não dava certo aqui: em regiões ricas, até mesmo pequenas cidades do sertão já tinham "água encanada, esgoto, luz elétrica e rádio"; em cidades grandes como o Rio, Recife ou Belém, por outro lado, "apesar de todo o internacionalismo e cultura, encontram-se núcleos de música popular em que a influência deletéria do urbanismo não penetra."

A coisa definitivamente não era simples, e o que estava em jogo era muito, como Mário sabia ou intuía. Daí sua conclusão acolhedora: "Recusar a música popular nacional só por não possuir ela documentos fixos, como recusar a documentação urbana só por ser urbana, é desconhecer a realidade brasileira." Vitória dos fatos contra o preconceito e os conceitos inadequados. Ou quase.

No ensaio "Evolução social da música no Brasil", de 1939, Mário dá atestado da filiação de seu raciocínio à tradição acadêmica europeia, porque ao acompanhar o tema que está no título — evolução social da música entre nós, com ênfase no adjetivo — tenta mostrar o nascimento e o florescimento da música popular brasileira a partir da música religiosa da colonização portuguesa, acompanhando a cronologia da história brasileira. Hoje se pode duvidar dessa filiação com mais clareza, vendo na canção popular vitoriosa uma forma artística nascida mais da entoação espontânea do que da música escrita, por exemplo —, mas para o estudioso paulista essa descendência era coisa dada.

Por esse viés é que ele repassa a trajetória da música como função da Igreja Católica antes da Independência, e só depois desta podem aparecer compositores (eruditos) como Francisco Manuel da Silva e Carlos Gomes, produzindo uma música, diz ele, internacionalista. Mas a República viria modificar a situação, livrando o país da monarquia em favor de maior democracia.

Aqui é criado o Instituto Nacional de Música, e aqui aparecem figuras singulares, ainda do mundo erudito, como Alberto Nepomuceno.

E no campo popular? Durante a Colônia, não houve música popular brasileira, e sim criações em setores estanques: "os negros faziam a sua música negra lá deles, os portugueses a sua música portuga, os índios a sua música ameríndia." No final do século XVIII é que "um povo nacional vai se delineando musicalmente", com formas discerníveis: "o lundu, a modinha, a sincopação", mais as danças dramáticas populares (reisados, cheganças, cabocolinhos, bumba-meu-boi, congados). No final do Império, esse campo popular viu a modinha passar "do piano dos salões para o violão das esquinas", viu se consolidarem o maxixe, o samba, os conjuntos seresteiros de choros. Tudo isso, mais a "evolução da toada e das danças rurais", conduz a uma conclusão bastante nova, em se tratando do autor: "a música popular cresce e se define com uma rapidez incrível, tornando-se violentamente a criação mais forte e a caracterização mais bela da nossa raça."

Dá para perceber claramente que, neste ensaio, música popular é aquela urbana, ou que se desenvolveu na cidade, e é aquela que caracteriza mais que outras formas "a nossa raça", a raça brasileira, que os modernistas julgavam estar finalmente se revelando, com certa estabilidade. Claro que nisso ia muito de idealização, e não se trata aqui de concordar com o autor; o ponto é ver que neste momento não há mais aquele hiato conceitual entre o polo erudito e o polo folclórico, hiato que era habitado justamente pela canção popular que nos interessa aqui. Não: aqui, para ele, a canção popular é parte viva da música popular, a mais bela caracterização dos brasileiros. Isso tudo, registre-se, no contexto de um ensaio que aborda essencialmente a música erudita!

Mas seria exagero considerar que Mário de Andrade houvesse em definitivo acolhido a canção popular gravada e comercializada como um fruto maduro e relevante da cultura brasileira. Nada disso. Ainda há ambivalências, como se vai ver no ensaio "Romantismo musical", uma conferência dada em 1941. Ainda nos começos do raciocínio, ele lembra uma ocasião passada no Amazonas, onde estivera anos antes. Lembra que, o navio subindo pelo rio em região "sem homem branco ou seringais", quer dizer sem presença ocidental, ouvia "frágeis mas penetrantes assobios humanos." Seriam "tapuios semicivilizados", conforme explicam a ele na ocasião, que com os assovios se comunicavam contando da presença do navio em que o estudioso ia. "Eu escutava essa música... romântica, simples conversa entre tapuios."

Essa experiência lembrou a ele os cantos de aboiar que ouviu no Nordeste, cantos que também era comunicação de vaqueiro para vaqueiro, de fazenda a fazenda. Mário então associa essas manifestações assoviadas e cantadas à "musicalidade das linguagens infantis e dos primitivos." E conclui que tudo isso era derivado de uma "origem legítima", "uma base biológica natural, o grito", origem primeira dos sons inarticulados e dos sons articulados, "o Ré bemol e a palavra, a música e o verbo."

Há uma outra idealização aqui: Mário julga estar em contato com a gênese do canto, e por aí na gênese da canção, da música cantada, que é o centro do interesse da presente antologia e deste ensaio. Ele chega a imaginar que se os primitivos humanos tivessem convencionado em sons os significados das palavras mais necessárias, "nós hoje estaríamos nos comunicando uns com os outros por meio de árias e cantiguinhas, melodias infinitas, hinos e até marchas totalitárias" — bem, não esqueçamos que em 1941 havia Hitler, Stálin, o Estado Novo brasileiro e a Segunda Guerra Mundial, temas que ocupam o horizonte mental do autor, como adiante veremos.

No que interesse de perto aqui, interessa seguir o rumo dessa reflexão até alcançarmos a canção popular. Ela de fato aparece em seguida, de modo inesperado. Mário vai afirmar que o Romantismo "era por princípio popularesco" — e aqui entra em cena esse outro adjetivo, *popularesco*, que acrescenta complexidade e perplexidade ao quadro conceitual com que o autor pensa sobre a canção popular. Quem diz popularesco não diz popular: este deriva do povo, mas aquele sugere uma relação forçada, talvez até uma usurpação de direitos. Estaria a canção de três minutos, gravada e comercializada, aquela de Noel Rosa e Lupicínio Rodrigues, em qual dos casos?

Escritores românticos europeus, lembra o ensaio, se interessaram por poesias e cantigas populares; tal foi o caso do francês Chateaubriand, tal foi o caso da fraude perpetrada pelo escocês James MacPherson ao fajutar um poeta ancestral que escrevia em língua antiga. O francês seria, diz Mário, "um legítimo precursor do folclore, com sua obsessão pelas canções escutadas na infância." Em certo sentido, podemos concluir que o Mário de Andrade da cena inicial evocada, com sua obsessão pelo assovio e pelo aboio, seria um caso redivivo do mesmo Chateaubriand, ambos pensando em estarem em contato com a fonte da cantiga, de certa forma.

Algumas páginas adiante encontramos o ponto mais sensível dessa reflexão. É quando Mário afirma que o tempo do Romantismo era o tempo "da cantarolagem", da cantoria fácil e desabrida, do canto banal de tão frequente. E dá exemplo muito significativo, que nos interessa agora: "Dalaire lastimava em 1845 não existirem mais editores de quartetos ou sinfonias [composições eruditas para instrumentos de orquestra], ao passo que ninguém hesitava em dar seis mil francos por seis romanças de compositor em voga, desde que elas fossem lançadas por intérpretes como as senhoritas D'Hénin e Drouard, ou cantores como Penchard, Vartel ou Richelmi."

A romança era um gênero poético-musical, de caráter sentimental e com origem medieval, que em última instância era o mesmo que viria a ser a canção popular que nos interessa aqui: uma forma que mesclava música e poesia de modo significativo para cantar amores e desamores. O que Mário conta, evocando esse Dalaire, é que em 1845 era difícil publicar peças musicais eruditas por escrito, ao passo que formas musicais cantadas vendiam bem. Por outro lado, o crítico vincula a interpretação, por parte dos cantores, à perecibilidade, e, na mão oposta, vincula a escrita e a edição, coisa do autor e do editor, à permanência no tempo. Se dermos mais um passo, Mário está aqui lidando com o paradoxo que está no coração da música erudita: é escrita (e depois será gravada), e por isso pode permanecer no tempo, mas sua natureza é ligada à performance, e por isso morre assim que é enunciada.

Neste ponto do ensaio, ele aproxima vertiginosamente essa história do Romantismo ao seu presente: "Estes [cantores e cantoras] seriam por certo os Orlando Silva e as Carmen Miranda do tempo, sem rádio nem disco, predestinados à morte irremediável."

Traduzindo: naquele 1941, também seria difícil vender partituras de música erudita para quartetos ou outros conjuntos orquestrais, enquanto os sucessos da hora, que se expressavam na canção popular, vendiam como pão quente — associados ao rádio e ao disco, portanto mergulhados no pântano da indústria cultural. Então, conclui Mário, se destinam "à morte irremediável" — por serem vinculados à performance e por estarem atrelados à venda, ao mercado. Mas morte? De quem? E por que essa reserva (que é também má vontade) com os dois grandes cantores citados, Orlando Silva e Carmen Miranda?

Mário mais uma vez mostra sua inconformidade com o que considera uma inversão de valores — a música erudita é que devia se eternizar, e a seu lado também a música folclórica, mas não a música *praceana*, e por isso ele vaticina a morte dos dois popstars brasileiros do momento. Mas o futuro não daria razão a ele.

UM ESTADO DINÂMICO DO SER

Nos últimos anos de vida, Mário de Andrade acentuou alguns aspectos de sua discussão sobre o papel da arte, especialmente da música, no mundo em que vivia — o mundo do auge da Segunda Guerra Mundial, do nazismo. Muita água havia corrido desde o tempo em que começara a pensar sobre a canção popular; a canção popular, ela mesma, quase nem se reconhecia mais se se olhasse no espelho daquele tempo. Em lugar de Sinhô e seus singelos maxixes, como em 1929, agora imperava gente como Ary Barroso, gravado com arranjos eruditos de um Radamés Gnattali e outros maestros de formação erudita.

As ideias e intuições do autor aparecem em quantidade. Num texto desses anos,[5] brilha a percepção de que a melodia da canção popular não nasce de uma sequência de acordes, mas de "um estado dinâmico do ser", ideia que se aproxima do que, três gerações depois, Luiz Tatit vai postular como sendo a matriz da melhor canção popular, a entoação, não a dinâmica de uma harmonia.

Em carta a Moacyr Werneck de Castro, amigo feito na temporada carioca, datada de fevereiro de 1942, Mário declara gostar de "Amélia", de Ataúlfo Alves e Mário Lago, samba por muitos motivos famoso pelos anos afora, e de "Praça Onze", de Grande Otelo e Herivelto Martins, outro samba de grande futuro. No contexto dessa declaração, cogita a necessidade de alguém "fazer um estudo sobre os textos do samba carioca", que com frequência é "genial na necessidade de dizer as coisas", contendo "uma riqueza psicológica assombrosa".

Era uma espécie de reconhecimento do grande valor, inclusive literário, desse gênero de música no país, certamente. E faz lembrar um comentário de Jorge Luis Borges, que nada tinha de musical em sua formação, ao comentar as letras do tango, em seu país. A analogia é imperfeita mas se sustenta, não apenas porque o samba e o tango têm trajetórias históricas muito assemelhadas, como pelo fato de que o Borges jovem era tão interessado numa nova síntese identitária quanto Mário. Diz o grande escritor portenho que "as letras de tango [...] integram, ao fim de meio século, um quase inextricável *corpus poeticum* que os historiadores da literatura argentina lerão ou, em todo caso, vindicarão."[6]

---

5. Porém sem data precisa, reeditado em *A música na vitrola de Mário de Andrade*.
6. "História do tango", em *Evaristo Carriego*, 1930.

Um flagrante nítido das oscilações conceituais de Mário acerca de nosso objeto aqui se encontra na *Pequena história da música*. O livro teve uma primeira encarnação sob o nome de *Compêndio de história da música*, editado em 1929, portanto no primeiro momento de sua trajetória de comentarista musical; a segunda, com o nome de *Pequena história da música*, saiu em 1944, no momento derradeiro de sua vida. Uma comparação sumária entre as duas edições revela a mudança em vários níveis, no que nos interessa aqui.

O capítulo XI da primeira edição se chamava "Música artística brasileira"; na segunda, "Música erudita brasileira". Na transição entre os dois adjetivos vai, é de supor, o reconhecimento de que nem só no campo erudito se encontra arte. Um ponto a favor do reconhecimento do valor da canção popular.

No capítulo dedicado à "Música popular brasileira", a edição de 1929 ostenta um derradeiro parágrafo que assim começa: "As manifestações que tiveram maior e mais geral desenvolvimento são, desde o século passado, as Modinhas e os Maxixes que andam profusamente impressos." Na mesma posição, a edição de 1944 diz: "As manifestações *popularescas* que tiveram maior e mais geral desenvolvimento são, desde o século passado, as modinhas e os maxixes e *sambas urbanos* que andam profusamente impressos" — as sublinhas ressaltam a diferença. Mário propõe um adjetivo de tom depreciativo, *popularescas*, para distinguir essa modalidade de música, a canção popular tal como aqui definida, das outras modalidades de canção que ele têm no horizonte, a canção erudita, nítida em suas diferenças, e a canção popular, aquela de criação coletiva, anônima ou desconhecida, "autêntica" em sua suposta pureza, rural e fora do circuito do mercado. Um ponto contra a mesma canção popular, agora chamada de "popularesca".

No mesmo parágrafo, entre a primeira e a derradeira edição ressalta outra diferença, agora na designação de autores de sambas. Em 1929, o autor menciona Eduardo Souto, Donga e Sinhô, "as figuras contemporâneas mais interessantes do maxixe impresso"; em 1944, na mesma posição do texto encontraremos "Donga, Sinhô e Noel Rosa, as figuras contemporâneas mais interessantes do samba impresso." Sai Edmundo Souto e entra Noel Rosa; sai o maxixe e entra o samba. Um ponto a favor da canção, neste reconhecimento do valor de Noel, que de fato expandiu a capacidade da canção em enunciar as experiências complexas da vida.

Finalmente, nesta comparação sumária entre as duas formas do mesmo estudo, vale visitar o final do livro, ao cabo do capítulo XIV, "Atualidade". A diferença aqui é de outra ordem. Ocorre que na primeira edição há um parágrafo final que foi simplesmente suprimido da segunda. E o que ele diz revela, de fato, a visão do crítico em 1929, ainda impregnado daquele ar por assim dizer parnasiano, partidário, ao menos no campo musical, da "arte pela arte". Assim dizem as frases do breve parágrafo:

> Como é difícil explicar [o argumento do valor de todas as formas musicais do novo século]... Na verdade eu não pretendo ter descoberto a pólvora e se que qualquer mal-intencionado pode me contradizer falando que toda música é tempo, etc. Mas também é bobagem a gente pretender explicar pra mal-intencionados... Sejamos desinteressados, isto é, sejamos artistas!...

Um ponto a favor da canção, talvez, se encontra nessa supressão. Placar geral: um honroso *três a um a favor da canção*. Como vimos antes, no momento inicial de seu percurso como estudioso de música Mário subscrevia a igualdade entre arte e desinteresse, e isso, em música, só existia no campo erudito, em sua opinião; essa visada empurrava o resto da criação musical, aquela do campo popular (e do que ele depois chamaria de popularesco, quer dizer, a canção popular *praceana*), para fora do campo da arte, uma vez que se tratava de coisa interessada, isto é, com interesses mundanos, como certamente era o caso do "maxixe impresso" e do "samba impresso", que se vendiam no mercado.

Mas em 1944 Mário estava longe de pensar assim. Como sabemos disso? Não só pela supressão deste parágrafo na segunda edição do estudo citado, mas por várias outras manifestações.

Uma delas, eloquente ainda que cifrada e de expressão tortuosa, se encontra no livro *O banquete*, originalmente uma série de textos, publicada em 1944, na coluna "Mundo musical", da *Folha da manhã*, de São Paulo. O nome evidentemente remete a Platão, uma sugestiva aproximação que fica aqui apenas mencionada. O livro merece meditação longa, que não será feita aqui — o que cabe no momento é alguma menção à figura de Janjão, o compositor, que interage com outros personagens-tipo, claramente concebidos para servir como modelos de pensamento.

No capítulo II, Janjão conversa com Sarah Light, a milionária, e com o Pastor Fido ("quintanista de direito e vendedor de seguros"). Janjão defende sua visão da arte musical, e por aqui podemos avaliar algo da posição de Mário acerca da posição do artista na conjuntura de 1944. "O artista que não se preocupa de fazer arte nova é um conformista, tende a se academizar. (...) O artista que não se coloca o problema do fazer melhor como base da criação é um conformista. Pior! é um folclórico, como qualquer homem do povo" — diz Janjão.

Ao que o Pastor Fido reage perguntando se o artista não está desprezando o povo e o folclore — o tema de nosso interesse aqui está vivo, como um fantasma ou um cadáver insepulto, na conversa de Janjão.

Fido acusa então o compositor de não fazer arte para o povo. Janjão admite que é isso mesmo, e explica: "Pelo menos enquanto o povo for folclórico por definição, isto é: analfabeto e conservador, só existira uma arte para o povo, a do folclore. [...] O destino do artista erudito não é fazer arte pro povo, mas pra melhorar a vida." E por aí segue, em conversa que mostra certa dilaceração da sensibilidade de Janjão, que expõe suas fragilidades como compositor erudito que não aceita as facilidades da arte dita proletária, nem se rende à arte folclórica, vivendo entre o apreço pelo internacionalismo abstrato e a perseguição de uma música nacional, e finalmente nem sabe exatamente quais alternativas ainda existem.

Aqui pelo menos duas pororocas, talvez três, se encontram

e se potencializam. Num primeiro nível, Janjão sabe que se trata de uma briga entre o modernismo e o academicismo (e sabemos qual o lado de Mário aqui). Num segundo plano temos a luta entre o nacional e o internacional, já mencionada acima. E num terceiro temos a tensão social entre o povo e a burguesia (termos que Janjão menciona nesta altura do ensaio) — e nesta, especificamente, o posicionamento é menos fácil, porque o povo "é a fonte" para a criação, mas é folclórico, ou "ainda" folclórico, e de outra parte a burguesia, ou as classes altas e cultas em geral, é quem tem o gosto apurado e saberá apreciar a arte dos Janjões.

O assunto, o âmbito de argumentação de Janjão é o da música erudita, não o da canção popular que aqui estamos considerando. Para esse compositor, que é Janjão e é Mário, o ideal é que a arte musical brasileira seja nacional, "um nacional que difere o folclore, mas que o transubstancia, porque se trata de música erudita." O ponto estaria em encontrar uma "melódica brasileira, uma polifonia brasileira", mas sabendo que o ponto realmente distintivo seria a "síncopa", em busca de "uma rítmica brasileira em que as síncopas fossem uma constância do movimento."

Que lugar teria, nesse quadro conceitual, a canção popular, aquela que não é folclórica nem erudita, que vende bem, que é impressa e gravada? Aquela que repete standards e portanto parecia, a um estudioso como Mário, não merecer a permanência na memória da cultura brasileira, mas que, dizemos nós, teima em mante-se relevante, formando mesmo um amplo conjunto de peças breves e significativas para a cultura do país?

É certo que para Mário essa canção popular podia até existir, mas não era relevante culturalmente, segundo os critérios mais fortes em seu ideário. É o que se vê nos derradeiros textos do crítico, na mesma coluna "Mundo musical". Num texto de janeiro de 1944, ele saúda o fato de o Brasil ter entrado em guerra contra o nazismo, e o crítico pensa em dar um balanço sobre o esforço de guerra por parte da música brasileira. Nesta altura tão nobre do raciocínio, meio que do nada, o leitor tropeça nessa joia:

Eu até não sei por que me lembrei agora daquele grito agônico e tão sublime do samba: "Ai, meu Deus, que saudade da Amélia! Aquilo sim é que era mulher!..." Porém esta citação também serve para nos conduzir ao problema mais virulento do esforço musical de guerra: a contribuição dos compositores.

Sem querer psicanalisar o escritor, é preciso ver que a evocação do samba de Ataúlfo Alves e Mário Lago, lançado pouco tempo antes, parece ser uma daquelas intrusões realmente inesperadas, quase como num sonho. Porque nem o samba tem qualquer coisa a ver com o dito esforço de guerra, nem a figura dessa Amélia tem qualquer relação com engajamento ou algo assemelhado. Talvez a única ponte, o único laço da lembrança do samba com o tema esteja na palavra *saudade* e, como diz Mário, na espécie de *grito agônico* da voz que canta a saudade da Amélia — como se Mário associasse esse grito sambado com seu grito mudo de saudade de um tempo anterior à guerra, anterior ao horror do nazismo.

Mas o que importa aqui não é nada disso, e sim o fato de que o grito do autor se expressou numa canção popular — aquela que não é mais folclore nem chega ao mundo erudito, que vende e parece perecível, que enfim não tem muito valor.

Quer dizer: não tem, mas tem. Na hora do aperto, foi o samba que salvou o crítico, foi o samba que deu voz a um sentimento forte, relevante, inadiável.

Aqui o Mário engajado briga com o Mário já modernista mas que pensava, anos antes, que a arte boa e válida era aquela desinteressada. "O compositor 'puro' é um errado e um pernicioso que devia ser expulso da República" — diz este Mário alinhado com Platão e com Lênin.

Em abril do mesmo 1944, o crítico volta seu canhão contra o padre José Maurício, que nada tinha que ver com guerra ou coisa semelhante. Reconhecendo primeiro que José Maurício tinha sido "o maior compositor de música religiosa que o Brasil já possuiu", evoca depois suas modinhas, que valem... nada! O juízo sumário negativo se deve ao fato de que "embora mulato da maior mulataria, escuro e pixaim, ele nada representa, ou pouco, o valor *negro forro* de nossas idiossincrasias raciais", ou, mais amplamente, ele "não representa os problemas do Brasil, senão como colono" — vale sublinhar que *colono*, aqui, significa o que hoje chamamos *colonizador*. O padre era, então, o "anti-Inconfidente típico".

Isso quer dizer, trocado em miúdos, que José Maurício não pode ser posto na conta (modernista *marioandradina*, claro) de um compositor válido culturalmente. Chama a atenção o grande anacronismo do juízo, para nem falar de outras dimensões. É como se José Maurício, sendo mulato, devesse ter tido uma consciência composicional que definitivamente não estava disponível em seu tempo de vida (ele viveu entre 1767 e 1830!). Para conferir, basta comparar sua obra com a de gente de sua mesma geração, perguntando o que havia de representação válida na obra dessa gente, como o (irrelevante) poeta José Bonifácio (1763–1838). Aliás, pensar nele como "anti-Inconfidente" já é um anacronismo — a geração que liderou aquele frustrado movimento havia nascido vinte ou mais anos antes dele.

Toda essa ambígua repulsão pelo campo da canção (ou da música, mais amplamente) popular impressa e vendável, como as modinhas do padre ou o samba da Amélia, conflui para o texto final que Mário publica na coluna "Mundo musical" no dia 8 de fevereiro de 1945, a derradeira contribuição dele para o jornal — morreria no dia 25 do mesmo mês. O tópico selecionado para o texto vem na primeira linha: "Popular e popularesco". Estamos portanto mergulhados no mundo da canção popular, mais uma vez.

Uma diferença que, pelo menos em música, ajuda bem a distinguir o que é apenas popularesco, como o samba carioca, do que é verdadeiramente popular, verdadeiramente folclórico, como o "Tutu Marambá", é que o popularesco tem por sua própria natureza a condição de se sujeitar à moda. Ao passo que na coisa folclórica, que tem por sua natureza ser *tradicional* (mesmo transitoriamente tradicional), o elemento moda, a noção de moda está excluída.

O esforço de Mário é evidente — e é inócuo. Ali onde parecia que ia-se encontrar um critério sólido e nítido, a distinção entre a moda, transitória, e a cultura tradicional, o que de fato encontramos é mais hesitação, como se lê nas aspas para a palavra *tradicional* e no parêntese que vem logo a seguir, com o oxímoro *transitoriamente tradicional*. O analista e cientista do folclore é menos analista do que juiz, como se pode constatar. A confusão é vigorosa e intransponível, dentro dos parâmetros do crítico.

A agonia conceitual aumenta quando Mário tenta equacionar outras dimensões do fenômeno — vendo a coisa desde hoje e desde fora dos marcos conceituais do crítico, seria mais fácil simplesmente admitir que o que chama de popularesco tem sim valor cultural relevante. Mas não; veja-se a passagem seguinte:

Diante duma marchinha de Carnaval, diante dum *fox-trot* que já serviram, que já tiveram seu tempo, seu ano, até as pessoas incultas, até mesmo as pessoas folclóricas da população urbana, reagem, falando que "isso foi do ano passado" ou que "isso é música que passou". […] Ao passo que esse mesmo povo urbano, mesmo sem ser analfabeto, mesmo sem ser folclórico, jamais dirá isso escutando na macumba um canto de Xangô que conhece de menino, uma melodia de Bumba-meu-boi sabida desde sempre, e um refrão de coco na praia, que no entanto são festas anuais, como o Carnaval.

São muitas dimensões complexas, aqui reduzidas, por extrema compressão, a um único par opositivo, folclore *versus* moda — até mesmo se fala de "pessoas folclóricas", numa outra compressão, agora sociológica, que empurra todo um conjunto de indivíduos para uma única e irreversível posição!

Mas aqui estamos enfrentando outro tipo de problema — a transitoriedade versus a perenidade. Para Mário, é claro que o que chama de popularesco está no primeiro caso, ao passo que o folclore e o erudito estão no segundo, e essa distinção parece ao crítico suficiente para mais uma vez denegar valor à canção popular: "o documento popularesco, pelo seu semi-eruditismo, implica civilização, implica progresso, e com isso a transitoriedade, a velhice, a moda."

Dá o que pensar essa rejeição. O que diria Mário da sobrevivência, por gerações a fio, de sambas e marchinhas de carnaval, o que diria da força cultural, até mesmo no campo letrado, de Noel Rosa, de Cartola, de Caymmi, de tantos outros, que nada têm dessa esquisitice que Mário chama *semi-eruditismo*, porque simplesmente não corriam a mesma corrida do erudito, como ele desejava ou imaginava?

## A FORÇA DA CANÇÃO

É certo que não podemos deixar de ler Mário de Andrade quando se trata de pensar sobre os caminhos e destinos da música no Brasil, em qualquer de suas modalidades. Mas também é certo que o crítico se relacionou mal, para dizer de maneira branda, com a canção popular que se sintetizou e se validou (quando menos, mercadologicamente) no período de vida do estudioso. Para ele, ou bem se tratava do mundo da música de concerto, em que brilhou Villa-Lobos atendendo aos critérios do crítico, ou bem da música comunitária, espontânea, folclórica — sem espaço conceitual positivo para a canção que aqui nos interessou.

Será o caso de modular a compreensão dessa relação ruim entre ele e a canção, lembrando as variáveis em jogo. De um lado, ela mesma, a canção, enquanto síntese formal, estava ainda se estabilizando quando Mário já tinha se formado em piano e já começava a trabalhar como professor — quer dizer, quando já tinha sua rede conceitual formada. E isso no universo da música, que desde o Barroco, desde Bach, ao menos, já lidava com uma separação nítida e irrecorrível entre os dois polos, o escrito/ erudito e o oral/ espontâneo. Não admira, em suma, que o jovem pianista e professor Mário de Andrade agisse como um reacionário diante de uma forma nova em processo de estabilização, que era a canção popular.

Acresce que, como mencionado acima, essa canção popular, além de escapar entre os buracos da rede conceitual marioandradina, tinha como âmbito de circulação e validação o mercado, dimensão que um proto-sociademocrata como Mário via com reserva, por mais de um motivo — talvez, em sua sensibilidade modernista-paulista militante, essa presença do mercado no circuito soasse tão nefasta, tão reprovável, quanto era a Academia Brasileira de Letras para a literatura brasileira.

E com tudo isso, como também ficou assinalado em passagens anteriores, é claro que Mário se deixou arrastar pela força da canção. Quer maior atestado da força da canção popular brasileira do que aquele desabafo cifrado nas saudades da Amélia, na sensibilidade de um crítico musical que preferia Villa-Lobos ou a cantiga de roda e o cateretê populares?

# A estranha força da canção

## Ensaio sobre a música brasileira[1]

Até há pouco a música artística brasileira viveu divorciada da nossa entidade racial. Isso tinha mesmo que suceder. A nação brasileira é anterior a nossa raça. A própria música popular da Monarquia não apresenta uma fusão satisfatória. Os elementos que a vinham formando se lembravam das *bandas de além*, muito puros ainda. Eram portugueses e africanos. Ainda não eram brasileiros não. Se numa ou noutra peça folclórica dos meados do século passado já se delineiam os caráteres da música brasileira, é mesmo só com os derradeiros tempos do Império que eles principiam abundante. Era fatal: os artistas duma raça indecisa se tornaram indecisos que nem ela.

O que importa é saber se a obra desses artistas deve de ser contada como valor nacional. Acho incontestável que sim. Esta verificação até parece ociosa, mas pro meio moderno brasileiro sei que não é. Nós, modernos, manifestamos dois defeitos grandes: bastante ignorância e leviandade sistematizada. É comum entre nós a rasteira derrubando da jangada nacional não só as obras e autores passados como até os que atualmente empregam a temática brasileira numa orquestra europeia ou no quarteto de cordas. "Não é brasileiro", se fala.

---

1. Este capítulo apresenta a transcrição com grafia atualizada da primeira parte do *Ensaio sobre a música brasileira*, de Mário de Andrade, publicado pela primeira vez em 1962 no volume VI das Obras Completas de Mário de Andrade pela Livraria Martins. No livro, existe uma segunda parte que conta com partituras e letras de várias modalidades de canções populares brasileiras: canto infantil, cantos de trabalho, danças etc. E também o que Mário chama de *música individual*, por vezes colhida diretamente com informantes ou com pesquisadores colaboradores.

É que os modernos, ciosos da curiosidade exterior de muitos dos documentos populares nossos, confundem o destino dessa coisa séria que é a música brasileira com o prazer deles, coisa diletante, individualista e sem importância nacional nenhuma. O que deveras eles gostam no brasileirismo que exigem a golpes duma crítica aparentemente defensora do patrimônio nacional, não é a expressão natural e necessária duma nacionalidade não, em vez é o exotismo, o jamais escutado em música artística, sensações fortes, *vatapá, jacaré, vitória-régia*.

Mas um elemento importante coincide com essa falsificação da entidade brasileira: opinião de europeu. O diletantismo que pede música só nossa está fortificado pelo que é bem nosso e consegue o aplauso estrangeiro. Ora, por mais respeitoso que a gente seja da crítica europeia carece verificar duma vez por todas que o sucesso na Europa não tem importância nenhuma pra música brasileira. Aliás, a expansão do internacionalizado Carlos Gomes e a permanência além-mar dele prova que a Europa obedece a genialidade e a cultura.

Mas no caso de Villa-Lobos, por exemplo, é fácil enxergar o coeficiente guassú com que o exotismo concorreu pro sucesso atual do artista. H. Prunières confessou isso francamente. Ninguém não imagine que estou diminuindo o valor de Villa-Lobos não. Pelo contrário: quero aumentá-lo. Mesmo antes da pseudo-música indígena de agora. Villa-Lobos era um grande compositor. A grandeza dele, a não ser para uns poucos, sobretudo Artur Rubinstein e Vera Janacopulos, passava despercebida. Mas bastou que fizesse uma obra extravagando bem do continuado pra conseguir o aplauso.

Ora, por causa do sucesso dos Oito Batutas ou do chôro de Romeu Silva, por causa do sucesso artístico mais individual que nacional de Villa-Lobos, só é brasileira a obra que seguir o passo deles? O valor normativo de sucessos assim é quase nulo. A Europa completada e organizada num estádio de civilização, campeia elementos estranhos pra se libertar de si mesma. Como a gente não tem grandeza social nenhuma que nos imponha ao

Velho Mundo, nem filosófica que nem a Ásia, nem econômica que nem a América do Norte, o que a Europa tira da gente são elementos de exposição universal: exotismo divertido. Na música, mesmo os europeus que visitam a gente perseveram nessa procura do esquisito apimentado. Se escutam um batuque brabo muito que bem, estão gozando, porém, se é modinha sem sincopa ou certas efusões líricas dos tanguinhos de Marcelo Tupinambá, "Isso é música italiana!" falam de cara enjoada. E os que são sabidos se metem criticando e aconselhando, o que é perigo vasto. Numa toada, num acalanto, num aboio desentocam a cada passo frases francesas, russas, escandinavas. Às vezes especificam que é Rossini, que é Boris.[2] Ora, o que tem a música brasileira com isso! Se *Milk* parece com *Milch*, as palavras deixam de ser uma inglesa outra alemã? O que a gente pode mas é constatar que ambas vieram dum tronco só. Ninguém não lembra de atacar a italianidade de Rossini porque tal frase dele coincide com outra da ópera-cômica francesa.

Um dos conselhos europeus que tenho escutado bem é que a gente se quiser fazer música nacional tem que campear elementos entre os aborígenes pois que só mesmo estes é que são legitimamente brasileiros. Isso é uma puerilidade que inclui ignorância dos problemas sociológicos, étnicos psicológicos e estéticos. Uma arte nacional não se faz com escolha discricionária e diletante de elementos: uma arte nacional já está feita na inconsciência do povo. O artista tem só que dar pros elementos já existentes uma transposição erudita que faça da música popular, música artística. Isto é: imediatamente desinteressada. O homem da nação Brasil hoje, está mais afastado do ameríndio que do japonês e do húngaro. O elemento ameríndio no populário brasileiro está psicologicamente assimilado e praticamente já é quase nulo. Brasil é uma nação com normas sociais, elementos raciais e limites geográficos. O ameríndio não participa dessas

---

2. Todas estas afirmativas já foram escutadas por mim, de estranhos... fazendo inventário do que é nosso.

coisas e mesmo parando em nossa terra continua ameríndio e não brasileiro. O que evidentemente não destrói nenhum dos nossos deveres para com ele. Só mesmo depois de termos praticado os deveres globais que temos para com ele é que podemos exigir dele a prática do dever brasileiro.

Se fosse nacional só o que é ameríndio, também os italianos não podiam empregar o órgão que é egípcio, o violino que é árabe, o cantochão que é *grecoebraico*, a polifonia que é nórdica, anglo-saxônica flamenga e o diabo. Os franceses não podiam usar a ópera que é italiana e muito menos a forma-de-sonata que é alemã. E como todos os povos da Europa são produto de migrações pré-históricas se conclui que não existe arte europeia... Com aplausos inventários e conselhos desses a gente não tem que se amolar. São fruto de ignorância ou de gosto pelo exótico. Nem aquela nem este não podem servir para critério de um julgamento normativo.

Por isso tudo, música brasileira deve de significar toda música nacional como criação quer tenha quer não tenha caráter étnico. "O padre Mauricio", "I Salduni", "Shumanniana" são músicas brasileiras. Toda opinião em contrário é perfeitamente covarde, antinacional, anticrítica.

E afirmando assim não faço mais que seguir um critério universal. As escolas étnicas em música são relativamente recentes. Ninguém não lembra de tirar do patrimônio itálico Gregório Magno, Marchetto, João Gabrieli ou Palestrina. São alemães J. S. Bach, Haendel e Mozart, três espíritos perfeitamente universais como formação e até como caráter de obra os dois últimos. A França então se apropria de Lulli, Gretry, Meyerbeer, Cesar Franck, Honnegger e até Gluck que nem franceses são. Na obra de José Mauricio e mais fortemente na de Carlos Gomes, Levy, Glauco Velasquez, Miguez, a gente percebe um *não-sei-quê* indefinível, um ruim que não é ruim propriamente, um *ruim esquisito* pra me utilizar duma frase de Manuel Bandeira. Esse *não-sei-quê* vago mas geral é uma primeira fatalidade de raça badalando longe. Então na lírica de Nepomuceno, Francisco Braga, Henrique Osvaldo, Barroso Neto e outros, se percebe um parentesco psicológico bem forte já. Que isso baste pra gente adquirir agora já o critério legítimo de música nacional que deve ter uma nacionalidade evolutiva e livre.

Mas nesse caso, um artista brasileiro escrevendo agora em texto alemão sobre assunto chinês, música da tal chamada de *universal* faz música brasileira e é músico brasileiro. Não é não. Por mais sublime que seja, não só a obra não é brasileira como é antinacional. E socialmente o autor dela deixa de nos interessar. Digo mais: por valiosa que a obra seja, devemos repudiá-la, que nem faz a Rússia com Stravinsky e Kandinsky.

O período atual do Brasil, especialmente nas artes, é o de nacionalização. Estamos procurando conformar a produção humana do país com a realidade nacional. E é nessa ordem de ideias que se justifica o conceito de Primitivismo aplicado ás orientações de agora. É um engano imaginar que o primitivismo brasileiro de hoje é estético. Ele é social. Um poeminha humorístico do *Pau Brasil* de Oswald de Andrade até é muito menos Primitivista que um capítulo da *Estética da vida* de Graça Aranha. Porque este capítulo está cheio de pregação interessada, cheio de idealismo ritual e deformatório, de magia e de medo. O lirismo de Oswald de Andrade é uma brincadeira desabusada. A deformação empregada pelo paulista não ritualiza nada, só destrói pelo ridículo. Nas ideias que expõe não tem idealismo nenhum. Não tem magia. Não se confunde com a prática. É arte desinteressada.

Pois toda arte socialmente primitiva que nem a nossa, é arte social, tribal, religiosa, comemorativa. É arte de circunstância. É interessada. Toda arte exclusivamente artística e desinteressada não tem cabimento numa fase primitiva, fase de construção. É intrinsecamente individualista. E os efeitos do individualismo artístico no geral são destrutivos. Ora, numa fase primitivista, o indivíduo que não siga o ritmo dela é pedregulho na botina. Se a gente principia matutando sobre o valor intrínseco do pedregulho e o conceito filosófico de justiça, a pedra fica no sapato e a gente manqueja. A pedra tem de ser jogada fora. É uma injustiça feliz, uma injustiça, fruta de época.

O critério atual de música brasileira deve ser não filosófico, mas social. Deve ser um critério de combate. A força nova que voluntariamente se desperdiça por um motivo que só pode ser indecoroso (comodidade própria, covardia ou pretensão) é uma força antinacional e falsificadora. E arara. Porque, imaginemos com senso comum: se um artista brasileiro sente em si a força do gênio, que nem Beethoven e Dante sentiram, está claro que deve fazer música nacional. Porque como gênio saberá fatalmente encontrar os elementos essenciais da nacionalidade (Rameau Weber Wagner Mussorgsky). Terá pois um valor social enorme. Sem perder em nada o valor artístico porque não tem gênio por mais nacional (Rabelais Goya Whitman Hokusai) que não seja do patrimônio universal. E se o artista faz parte dos noventa e nove por cento dos artistas e reconhece que não é gênio, então é que deve mesmo de fazer arte nacional. Porque incorporando-se à escola italiana ou francesa será apenas mais um na fornada ao passo que na escola iniciante será benemérito e necessário. César Cui seria ignorado se não fosse o papel dele na formação da escola russa. Turina é de importância universal mirim. Na escola espanhola o nome dele é imprescindível. Todo artista brasileiro que no momento atual fizer arte brasileira é um ser eficiente com valor humano. O que fizer arte internacional ou estrangeira, se não for gênio, é um inútil, um nulo. E é uma reverendíssima besta.

Assim: estabelecido o critério transcendente de música brasileira que faz a gente com a coragem dos íntegros adotar como nacionais a "Missa em *si bemol*" e "Salvador Rosa", temos que reconhecer que esse critério é pelo menos ineficaz pra julgar as obras dos atuais menores de quarenta anos. Isso é lógico. Porque se tratava de estabelecer um critério geral e transcendente se referindo à entidade evolutiva brasileira. Mas um critério assim é ineficaz pra julgar qualquer momento histórico. Porque transcende dele. E porque as tendências históricas é que dão a forma que as ideias normativas revestem. O critério de música brasileira pré-atualidade deve de existir em relação à atualidade. A atualidade brasileira se aplica aferradamente a nacionalizar a nossa manifestação. Coisa que pode ser feita e está sendo sem nenhuma xenofobia nem imperialismo. O critério histórico atual da música brasileira é da manifestação musical que sendo feita por brasileiros ou indivíduo nacionalizado, reflete as características musicais da raça.

Onde que estas estão? *Na música popular*.

## MÚSICA POPULAR E MÚSICA ARTÍSTICA

Pode-se dizer que o populário musical brasileiro é desconhecido até de nós mesmos. Vivemos afirmando que é riquíssimo e bonito. Está certo. Só que me parece mais rico e bonito do que a gente imagina. E sobretudo mais complexo.

Nós conhecemos algumas zonas. Sobretudo a carioca por causa do maxixe impresso e por causa da predominância expansiva da corte sobre os estados. Da Bahia também e do Nordeste ainda a gente conhece alguma coisa. E no geral por intermédio da corte. Do resto: praticamente nada. O que Friedenthal registrou como de Santa Catarina e Paraná são documentos conhecidos pelo menos em todo o centro litorâneo do país. E um ou outro documento esparso da zona gaúcha, mato-grossense, goiana, caipira, mostra belezas, porém não basta pra dar conhecimento dessas zonas. Luciano Gallet está demonstrando já uma orientação menos regionalista e bem mais inteligente com os cadernos de melodias populares brasileiras,[3] porém os trabalhos dele são de ordem positivamente artística, requerendo do cantor e do acompanhador cultura que ultrapassa a meia-força. E requer o mesmo dos ouvintes. Se muitos desses trabalhos são magníficos e se a obra folclórica de L. Gallet enriquece a produção artística

---

3. Da Ed Wehrs e Cia, Rio.

nacional, é incontestável que não apresenta possibilidade de expansão e suficiência de documentos pra se tornar crítica e prática. Do que estamos carecendo imediatamente é dum harmonizador simples, mas crítico também, capaz de se cingir à manifestação popular e representá-la com integridade e eficiência. Carecemos de um Tiersot, dum Franz Korbay, de um Möller, de um Coleridge Taylor, de um Stan-ford, de uma Ester Singleton. Harmonizações de uma apresentação crítica e refinada, mas fácil e absolutamente adstrita a manifestação popular.

Um dos pontos que provam a riqueza do nosso populario ser maior do que a gente imagina é o ritmo. Seja porque os compositores de maxixes e cantigas impressas não sabem grafar o que executam, seja porque dão só a síntese essencial deixando as subtilezas pra invenção do cantador, o certo é que uma obra executada difere às vezes — totalmente do que está escrito. Do famanado *Pinião* pude verificar pelo menos quatro versões rítmicas diferentes, além de variantes melódicas no geral leves:

1. Embolada nordestina que serviu de base pro maxixe vulgarizado no carnaval carioca;

2. A versão impressa deste (Ed Wehrs e Cia.) que é quase uma chatice;

3. A maneira com que os Turunas de Mauricea o cantam;

4. A variante, próxima dessa última, com que o escutei muito cantado por pessoas do povo.

Se compare estas três grafias, das quais só as duas últimas são legítimas porque vinguem não canta, a música tal e qual anda impressa. A terceira grafia é a mais rigorosamente exata. Ainda assim se a gente indicar um *senza rigore* pro provimento...

**PINIÃO** (versão impressa ed. C. Wehrs e Cia, Rio).

Pi-ni-ão, pi-ni-ão, pi-ni-ão, Oi, pinto correu com medo do gavião. Por isso mesmo sabiá cantou. E bateu asa e voou E foi comer melão!

Pinião, pinião, pinião,
Oi pinto correu com medo do gavião
Por isso mesmo sabiá cantou
E bateu asa e voou
E foi comer melão!

**PINIÃO** (síntese possível da versão popular).

Pi-ni-ão, pi-ni-ão, pi-ni-ão, Oi, pinto correu com medo do gavião. Por isso mesmo sabiá cantou. Ba teu asa voou Foi comê(r) melão!

Pinião, pinião, pinião,
Oi, pinto correu com medo do gavião
Por isso mesmo sabiá cantou
Bateu asa voou
Foi comê(r) melão!

**PINIÃO** (análise prosódica da versão popular).

Pi-ni-ão, pi-ni-ão, pi-ni-ão, Oi, pinto correu com medo do gavião Por isso mesmo sabiá cantô Ba teu a-sa voô Foi cumê melão!

ou

Foi cumê melão!

Aliás a terceira grafia que indiquei como prosódica pode ser atacada por isso. De fato qualquer cantiga está sujeita a um tal ou qual *ad libitum* rítmico devido às próprias condições da dicção. Porém essas fatalidades da dicção relativamente à música europeia são de deveras *fatalidades*, não têm valor específico pra invenção nem efeito da peça. Também muito documento brasileiro é assim, principalmente os do centro mineiro-paulista e os da zona tapuia. Não falo dos sul-rio-grandenses porque ainda não escutei nenhum cantador gaúcho, não sei. Mas o mesmo não se dá com as danças cariocas e grande número de peças nordestinas. Porque nestas zonas os cantadores se aproveitando dos valores prosódicos da fala brasileira tiram dela elementos específicos essenciais e imprescindíveis de ritmo musical. E de melodia também. Os maxixes impressos de Sinhô são no geral banalidades melódicas. Executados, são peças soberbas, a melodia se transfigurando ao ritmo novo. E quanto à peça nordestina ela se apresenta muitas feitas com uma rítmica tão sutil que se torna quase impossível grafar toda a realidade dela. Principalmente porque não é apenas prosódica. Os nordestinos se utilizam no canto de um *laisser aller* contínuo, de feitos surpreendentes e muitíssimas vezes de natureza exclusivamente musical. Nada tem de prosódico. É pura fantasia duma largueza às vezes *malinconica*, ás vezes cômica, ás vezes ardente, sem aquela *tristurinha* paciente que aparece na zona caipira.

Porém afirmando a grandeza do Nordeste musical não desconheço o valor das outras zonas. Alguns dos cantos tapuios, os fandangos paulistas de beira mar, os cantos gaúchos isentos de qualquer hispano americanismo, expostos na segunda parte deste livro mostram os acasos de ensinamento e boniteza que deve reservar uma exploração detalhada do populário.

Pelo menos duas lições macotas a segunda parte deste livro dá pra gente: o caráter nacional generalizado e a destruição do preconceito da sincopa.

Por mais distintos que sejam os documentos regionais, eles manifestam aquele imperativo ético pelo qual são facilmente reconhecidos por nós. Isso me comove bem. Além de possuírem pois a originalidade que os diferencia dos estranhos, possuem a totalidade racial e são todos patrícios. A música popular brasileira é a mais completa, mais totalmente nacional, mais forte criação da nossa raça até agora.

Pois é com a observação inteligente do populário e aproveitamento dele que a música artística se desenvolverá. Mas o artista que se mete num trabalho desses carece alargar as ideias estéticas senão a obra dele será ineficaz ou até prejudicial. Nada pior que um preconceito. Nada melhor que um preconceito. Tudo depende da eficácia do preconceito.

Cabe lembrar mais uma vez aqui do que é feita a música brasileira. Embora chegada no povo a uma expressão original e étnica, ela provém de fontes estranhas: a ameríndia em porcentagem pequena; a africana em porcentagem bem maior; a portuguesa em porcentagem vasta. Além disso a influência espanhola, sobretudo a hispano-americana do atlântico (Cuba e Montevideo, habanera e tango) foi muito importante. A influência europeia também, não só é principalmente pelas danças (valsa polca mazurca shottsh) como na formação da modinha.[4] De primeiro, a modinha de salão foi apenas uma acomodação mais aguada da melodia da segunda metade do século XVIII europeu. Isso continuou até bem tarde como demostram certas peças populares de Carlos Gomes e principalmente Francisca Gonzaga.

Além dessas influências já digeridas temos que contar as atuais. Principalmente as americanas do jazz e do tango argentino. Os processos do jazz estão se infiltrando no maxixe. Em recorte infelizmente não sei de que jornal guardo um samba macumbeiro, *Aruê de Changô* de João da Gente que é documento curioso por isso. E tanto mais curioso que os processos polifônicos e

---

4. Álbum de música nas "Reise in Brazilien", Spix e Martius; a peça registrada por Langardorff na "Viagem ao redor do mundo"; as peças sobre Marília de Dirceu no "Cancioneiro Portugues" de César das Neves e Gualdino de Campos (vols. 19, 21, 29, 32, 44, 47 e 50); ed. César Campos e Cia. Porto); modinhas do padre Maurício e outros no "Cancioneiro Fluminense" de Mello Morais, etc.

rítmicos de jazz que estão nele não prejudicam em nada o caráter da peça. É um maxixe legítimo. De certos os antepassados coincidem.

Bem mais deplorável é a expansão da melodia chorona do tango. E infelizmente não é só em tangos argentinos... de brasileiros que ela se manifesta. Tem uma influência evidente do tango em certos compositores que pretendem estar criando a... canção brasileira! Estão nada. Se aproveitam da facilidade melódica pra andarem por aí *tangaicamente* gemendo sexualidades panemas.

Está claro que o artista deve selecionar a documentação que vai lhe servir de estudo ou de base. Mas por outro lado não deve cair num exclusivismo reacionário que é pelo menos inútil. A reação contra o que é estrangeiro deve ser feita *espertalhonamente* pela deformação e adaptação dele. Não pela repulsa.

Se de fato o que já é caracteristicamente brasileiro deve nos interessar mais, se é preconceito útil preferir sempre o que temos de mais característico: é preconceito prejudicial repudiar como estrangeiro o documento não apresentando um grau objetivamente reconhecível de brasilidade. A marchinha central dos admiráveis "Choros n. 5"[5] de Villa-Lobos foi criticada por não ser brasileira. Quero só saber por quê. O artista se utilizou dum ritmo e dum tema comuns, desenvolvidos dum elemento anterior da peça, tema sem caráter imediatamente étnico nenhum, tanto podendo ser brasileiro como turco ou francês.

Não vai em nada contra a musicalidade nacional. Portanto é também brasileiro não só por que o pode ser como por que sendo inventado por brasileiro dentro de peça de caráter nacional e não levando a música pra nenhuma outra raça, é necessariamente brasileiro.

E nisto que eu queria chegar: o artista não deve ser nem exclusivista nem unilateral.

Se a gente aceita como um brasileiro só o excessivo caracte-

---

5. *Alma Brasileira*, Ed. Vieira Machado, Rio.

rístico, cai num exotismo que é *exótico até pra nós*. O que faz a riqueza das principais escolas europeias é justamente um caráter nacional incontestável, mas na maioria dos casos indefinível, porém. Todo o caráter excessivo e que por ser excessivo é objetivo e exterior em vez de psicológico, é perigoso. Fatiga e se torna facilmente banal. É uma pobreza. É o caso de Grieg e do próprio Albeniz que já fatiga regularmente. A obra polifônica de Vittoria é bem espanhola sem ter nada de espanholismo. E felizmente pra Espanha que os trabalhos de Pedrell e autores como Joaquim Nin, Halfter, Falla estão alargando as possibilidades do *tatatá* rítmico espanhol.

O exclusivista brasileiro só mostra que é ignorante do fato nacional. O que carece é afeiçoar os elementos estranhos ou vagos que nem fizeram Levy com o ritmo de habanera do "Tango Brasileiro" ou Villa-Lobos com a marchinha dos "Choros n. 5" pra que se tornem nacionais dentro da manifestação nacional. Também se a parte central da "Berceuse da Saudade" de Lorenzo Fernandez constituísse uma obra isolada não tinha por onde senti-la brasileiramente. Porém essa parte se torna necessariamente brasileira por causa do que a cerca.

Mas o característico excessivo é defeituoso apenas quando virado em norma única de criação ou crítica. Ele faz parte dos elementos úteis e até, na fase em que estamos, deve de entrar com frequência. "Porque é por meio dele que a gente poderá com mais firmeza e rapidez determinar e normalizar os caráteres étnicos permanentes da musicalidade brasileira."

Outro perigo tamanho como o exclusivismo é unilateralidade. Já escutei de artista nacional que a nossa música *tem de ser tirada dos índios*. Outros embirrando com guarani afirmam que a verdadeira música nacional é... a africana. O mais engraçado é que o maior número manifesta antipatia por Portugal. Na verdade, a música portuguesa é ignorada aqui. Conhecemos um atalho de pecinhas *assim-assim* e conhecemos por demais o fado *gelatinento* de Coimbra. Nada a gente sabe de Marcos Portugal, pouquíssimo de Rui Coelho e nada do populário portuga, no entanto bem puro e bom.

Mas por ignorância ou não, qualquer reação contra Portugal me parece perfeitamente boba. Nós não temos que reagir contra Portugal, temos é de não nos importarmos com ele. Não tem o mínimo desrespeito nesta frase minha. É uma verificação de ordem estética. Se a manifestação brasileira diverge da portuguesa muito que bem, se coincide, se é influência, a gente deve aceitar a coincidência e reconhecer a influência. A qual é e não podia deixar de ser enorme. E reagir contra isso endeusando boróro ou bantu é cair num unilateralismo tão antibrasileiro como a lírica de Glauco Velasquez. E aliás, é pela ponte lusitana que a nossa musicalidade se tradicionaliza e justifica na cultura europeia. Isso é um bem vasto. É o que evita que a música brasileira se resuma a curiosidade esporádica e exótica do tamelang javanês, do canto achanti, e outros atrativos deliciosos, mas passageiros de exposição universal.

O que a gente deve mais é aproveitar todos os elementos que concorrem pra formação permanente da nossa musicalidade étnica. Os elementos ameríndios servem sim porque existe no brasileiro uma porcentagem forte de sangue guarani. E o documento ameríndio propriedade nossa, mancha agradavelmente de estranheza e de encanto soturno a música da gente. Os elementos africanos servem francamente se colhidos no Brasil porque já estão afeiçoados à entidade nacional. Os elementos onde a gente percebe uma tal ou qual influência portuguesa servem da mesma forma.

O compositor brasileiro tem de se basear quer como documentação que como inspiração no folclore. Este, em muitas manifestações *caracteristiquíssimo*, demonstra as fontes donde nasceu. O compositor por isso não pode ser nem exclusivista nem unilateral. Se exclusivista se arrisca a fazer da obra dele um fenômeno falso e falsificador. E sobretudo facilmente fatigante. Se unilateral, o artista vira antinacional: faz música ameríndia, africana, portuga ou europeia. Não faz música brasileira não.[6]

## MELODIA

O problema importante aqui é o da invenção melódica expressiva. O compositor se vê diante dum dilema. (Pelo menos este dilema já me foi proposto por dois compositores). É este: o emprego da melódica popular ou invenção de temas pastichando ela, fazem o autor empobrecer a expressão. Isso principalmente na música de canto em que o compositor devia de respeitar musicalmente o que as palavras contam. Os grandes gênios desde o início da Polifonia vêm pelejando pra tornar a música psicologicamente expressiva. Todos os tesouros de expressão musical que nos deram Lasso, Monteverdi, Carissimi, Gluck, Beethoven, Schumann, Wagner, Wolff, Mussorgsky, Debussy, Strauss, Pizzetti, Honegger etc. etc. que se confinaram mais pro lado da expressão musical psicológica, têm que ser abandonados pelo artista brasileiro pra que ele possa fazer música nacional. Ou o compositor faz música nacional e falsifica ou abandona a força expressiva que possui, ou aceita esta e abandona a característica nacional.

Vamos a ver os aspectos mais importantes da questão:

*A música popular é psicologicamente inexpressiva?*

À primeira vista parece. Mas parece justamente porque é a mais sabiamente expressiva de todas as músicas. O problema da expressão musical é vasto por demais pra ser discutido aqui. Parece mais acertado afirmar que a música não possui nenhuma força direta pra ser psicologicamente expressiva.

A gente registra os sentimentos por meio de palavras. As artes da palavra são pois as psicológicas por excelência. E como os sentimentos se refletem no gesto ou determinam os atos as artes

---

6. No texto original, seguia-se a seção "Ritmo", suprimida da presente edição. [N. O.]

do espaço pelo desenho e pela mimésis coreográfica podem também expressar a psicologia com certa verdade. Tomo *expressar* no sentido de *contar*, qual é a psicologia sem que ela seja sabida de antemão.

Pois a música não pode fazer isso. Não possui nem o valor intelectual direto da palavra nem o valor objetivo direto do gesto. Os valores dela são diretamente dinamogênicos e só. Valores que criam dentro do corpo estados sinestésicos novos. Estas sinestesias sendo provocadas por um elemento exterior (a música) que é recebido por uma determinação da vontade (pois a gente quis escutar a música) são observadas com acuidade particular e interesse pela consciência. E a consciência tirar delas uma porção de conclusões intelectuais que as palavras batizam. Estas conclusões só serão exatas se forem conclusões fisiológicas. Está certo falar que uma música é bonita ou feia porque certos estados cenestésicos agradam ou desagradam sem possuírem interesse prático imediato (fome, sede *etc*). O *agradável sem interesse imediato* é batizado com o nome de *Belo*. O desagradável com o nome de *Feio*.

Ainda estará certo a gente chamar uma música de molenga, violenta, cômoda porque certas dinamogenias fisiológicas amolecem o organismo, regulariza o movimento dele ou o impulsionam. Estas dinamogenias nos levam pra estados psicológicos equiparáveis a outros que já tivemos na vida. Isto nos permite chamar um trecho musical de tristonho, gracioso, elegante, apaixonado *etc. etc.* Já com muito de metáfora e bastante de convenção. Só até aí chegam as verificações de ordem fisiopsíquica.

Mas a música possui um poder dinamogênico, muito intenso e, por causa dele, fortifica e acentua *estados-de-alma* sabidos de antemão. E como as dinamogenias dela não tem significado intelectual, são misteriosas, o poder sugestivo da música é formidável.

Ora o que que a música popular faz desses valores e poderes? É sempre fortemente dinamogênica. É de dinamogenia sempre agradável porque resulta diretamente, sem nenhuma erudição falsificadora, sem nenhum individualismo exclusivista, de necessidades gerais humanas inconscientes. E é sempre expressiva porque nasce de necessidades essenciais, por assim dizer interessadas do ser e vai sendo gradativamente despojada das arestas individualistas dela a medida que se torna de todos e anônima. E como o povo é inconsciente, é fatalizado, não pode errar e por isso não confunde umas artes com as outras, a música popular jamais não é a expressão das palavras. Nasce sempre de estados fisiopsíquicos gerais de que apenas também as palavras nascem. E por isso em vez de ser expressiva momento por momento, a música popular cria ambientes gerais, cientificamente exatos, resultantes fisiológicas da graça ou da comodidade, da alegria ou da tristura.

É isso que o compositor tem de fazer também.

É impossível pra música expressar (contar) o verso:

> Tanto era bela no seu rosto a morte.

Mas ela pode criar uma cenestesia relativa ao passo do Uruguai. Ambientar musicalmente o ouvinte de forma a permitir pela sugestão da dinamogenia uma perceptibilidade mais vivida, mais geral, mais fisiopsíquica do poema.

Pois esta ambientação não implica liberdade individual nem muito menos ausência de caráter étnico. Não só dentro de regras e fórmulas estreitas os gênios souberam ambientar os poemas que musicaram, como nenhum deles depois que a música se particularizou em escolas nacionais, deixou de ser nacional. O dilema em que se sentem os compositores brasileiros vem duma falha de cultura, de uma fatalidade de educação e de uma ignorância estética. A falha de cultura consiste na desproporção de interesse que temos pela coisa estrangeira e pela coisa nacional. Essa desproporção nos permite sentir na permanência do nosso ser mediocridades como Leoncavallo, Massenet ou Max Reger ao passo que uma voz de congo ou de catira é um acaso dentro de nós.⁷ A fatalidade de educação consiste no estudo necessário e cotidiano dos grandes gênios e da cultura europeia. Isso faz com que a gente adquira as normas desta e os feitos daqueles, E a ignorância estética é que faz a gente imaginar um dilema que na realidade não existe, é uma simples manifestação de vaidade individualista.

Mas como não tenho a mínima ideia de rejeitar os direitos de expressão individual ainda quero esclarecer um bocado o emprego da melódica popular.

7. O problema da Sinceridade em arte eu já discuti uma feita em artiguete de jornal (*Diário Nacional*, "Ângelo Guido", São Paulo, 10 de novembro de 1927). Confesso que eu considero perfeitamente desimportante. Mas o artista afeiçoado pela tradição e cultura (que não dependeram da folha dele e vem dos professores e do ramerrão didático) adquiriu um jeito natural de escrever e de compor. E depois não quer mudar esse jeito porque é sincero... Isso é bobagem. A sinceridade em arte já principia por ser um problema discutibilíssimo, porém mesmo que não fosse, o nosso caso continua desimportante. Além da sinceridade do jeito existe inteligência que atinge convicções novas. Além da sinceridade do hábito existe a sinceridade intelectual. Desde que a gente chega a uma convicção nova, dá um exemplo nobre de sinceridade, contrariando o hábito, o jeito já adquirido para respeitar a convicção nova. O indivíduo que está convicto de que o Brasil pode e deve ter música própria, deve de seguir essa convicção, muito embora ela contrarie aquele habito antigo pelo qual o indivíduo inventava temas de músicas via Leoncavallo-Macenet-Reger. E isso nem é tão difícil como parece. Com poucos anos de trabalho literário de alguns os poetas novos aparecendo trazem agora um cunho inconfundível de Brasil na poesia deles. Outro dia um músico ainda estudante me falava na dificuldade vasta que sentia em continuar o estudo da Fuga por ter escrito umas poucas obras brasileiras "já se acostumaram tanto que tudo lhe saía brasileiro da invenção". Nos países em que a cultura aparece de emprestado que nem os americanos, tanto os indivíduos como a arte nacionalizada, têm de passar por três fases: 1ª a fase da "tese" nacional; 2ª a fase do "sentimento" nacional; 3ª a fase da "inconsciência" nacional. Só nesta última Arte culta e o indivíduo culto sentem a sinceridade do hábito e a sinceridade da convicção coincidirem. Não é nosso caso ainda. Muitos de nós já estamos sentindo brasileiramente, não tem dúvida, porém o nosso coração se dispersa, nossa cultura nos atraiçoa, nosso jeito nos enfraquece. Mas é nobilíssimo, demonstra organização, demonstra caráter, o que põe a vontade como sentinela da raça e não deixa entrar o que é prejudicial. É masculino agente se sacrificar por uma coisa prática, verdadeira, de que beneficiarão os que vierem depois.

Se de fato o compositor se serve de uma melodia ou de um motivo folclórico a obra dele deixa de ser *individualistamente* expressiva como base de inspiração. E fica o mesmo se o compositor deliberadamente a molda a invenção aos processos populares nacionais. Isso não tem dúvida. Porém à base de inspiração tem valor mínimo ou nenhum diante da obra completa. Basta ver certas harmonizações artísticas de cantos populares. Bela Bartok, Luciano Gallet, Gruenberg, Percy Grainger perseveram nos seus carácteres individuais, harmonizando coisas alheias.

Até em música de canto o compositor pode e deve se utilizar da melodia popular. E não só empregar diretamente a melodia integral que nem faz frequentemente Luciano Gallet como a modificando num ou noutro detalhe (processo comum em Villa-Lobos), ou ainda empregando frases populares em melodia própria (L. Fernandez na "Berceuse da Saudade"). Além disso existem as peculiaridades, as constâncias melódicas nacionais que o artista pode empregar a todo momento pra nacionalizar a invenção. As fórmulas melódicas são mais difíceis de especificar que as rítmicas ou harmônicas não tem dúvida. Mas existem, porém, e não é possível mais imaginar um compositor que não seja um erudito da arte dele. Afirmar que empregamos a sincopa ou a sétima abaixada é uma puerilidade. O compositor deve conhecer quais são as nossas tendências e constâncias melódicas. Aliás a sétima abaixada é uma tendência brasileira de que carece matutar mais sobre a extensão. Isso nos leva pro hipofrígio e as consequências harmônicas derivantes alargam um bocado a obsessão do tonal moderno. E a riqueza dos modos não para aí não. De certas melodias de origem africana achadas no Brasil se colhe uma escala hexacordal desprovida de sensível cujo efeito é interessantíssimo.[8] Este fenômeno é bem frequente. Eduardo Prado no volume sobre o Brasil na Exposição Internacional de

---

8. Ver nos Anais do 5º Congresso Brasileiro de Geografia, vol. I, as melodias colhidas por Manuel Quirino.

89[9] registra a observação de um músico francês sobre melodias nossas desprovidas de sensível. E mesmo neste ensaio vai como exemplo disso a versão paraibana do "Mulher rendeira" em que a sensível é evitada sistematicamente. A melódica das nossas modinhas principalmente, é torturadíssima e isso é uma constância. Na cantiga praceana o brasileiro gosta dos saltos melódicos audaciosos de sétima, de oitava (Francisca Gonzaga, "Menina faceira" no álbum de A. Friedenthal) e até de nona que nem no lundu "Yayá, você quer morrer" de Xisto Baía.[10] Na segunda parte deste livro é fácil de assustar isso, e Villa-Lobos na "Modinha"[11] mostra também um exemplo cheio de espírito.

A inquietação da linha melódica aparece até no canto caboclo embora menos frequentemente. Está no "Fotorototó"[12] e no "Boiadeiro"[13]

Nossa lírica popular demonstra muitas feitas caráter fogueto, serelepe que não tem parada. As frases corrupiam, no geral em progressões com uma esperteza adorável. Sem que tenha nenhuma semelhança objetiva, isso nos evoca a alegria das sonatas e tocatas do século XVIII italiano. É lembrar a "Galhofeira"[14] de A. Nepomuceno.[15]

INSTRUMENTAÇÃO

Será que possuímos orquestras típicas? Possuímos, embora elas não sejam tão características como o jazz, o gamelão, ou os conjuntos havaianos e mexicanos. Catulo Cearense no "Braz Macacão" enumera um conjunto caboclo assim:

---

9. Editora Delagrave, Paris.
10. A. Friedenthal, "Stimmen der Völker" vol. 6; "Papel e Tinta" n. 1, S. Paulo.
11. Seresta n. 5, Editora C. Artur Napoleão.
12. L. Galiet "Seis melodias populares", Ed. cit.
13. A. Levy, "Rapsódia brasileira", Editora L. Levy e Irmão.
14. Editora Bevilaqua, Rio.
15. A partir daqui, foram suprimidos os últimos nove parágrafos do texto original, além da seção seguinte, "Polifonia". [N. O.]

*Rebeca, frauta, pandeiro,*
*clarineta, violão,*
*Um bandão de cavaquinho,*
*Um ofiscreide, um gaitêro*
*Que era um cabra mesmo bão,*
*Caxambú...*

Mais pra diante ajunta o reco-reco, o que faz a gente maliciar que a enumeração foi em parte determinada pelo acaso do metro... Porém, é incontestável que na *orquestrinha* do poeta a gente reconhece a sonoridade mais constante da instrumentação nacional. Mesmo os agrupamentos praceanos se aproximam disso bem. Nas *orquestrinhas* dos fandangos praieiros de S. Paulo ocorre com mais frequência o conjunto: rebeca (violino), viola, pandeiro, adufe, machete. A sanfona que está influindo bem na melódica da zona mineira, é acompanhada por triângulo nos fuás de Pernambuco.

O fato da maioria desses instrumentos serem importados não impede que tenham assumido até como solistas, caráter nacional. O próprio piano aliás pode ser perfeitamente tratado pelo compositor nacional sem que isso implique desnacionalização da peça. O violino se acha nas mesmas condições e está vulgarizadíssimo até nos meios silvestres. Numa fazenda de zona que permaneceu especificamente caipira, tive ocasião de escutar uma *orquestrinha* de instrumentos feitos pelos próprios colonos. Dominavam no solo um violino e um violoncelo... bem nacionais. Eram instrumentos toscos não tem dúvida, mas possuindo uma *timbração* curiosa meio nasal meio rachada, cujo caráter é fisiologicamente brasileiro.

Não se trata de desafinação com a qual não posso contar aqui, está claro. Se trata de caráter de sonoridade, de timbre. Ora o timbre sinfônico da tal de *orquestrinha* coincidia bem, com a sonoridade musical mais frequente dos solistas e dos conjuntos vocais brasileiros. Muitíssimo mais tosca e sem refinamento, era em última análise a mesma sonoridade quente ingênua verde do admirável Orfeão Piracicabano. Quem escutar com atenção nisso um conjunto coral estrangeiro desses que nos visitam, russos, italianos, alemães e um conjunto brasileiro põe logo reparo numa diferença grande de timbre. E essa *timbração* anasalada da voz e do instrumento brasileiro é natural, é climática de certo, é fisiológica. Não se trata do... efeito tenorista italiano ou da fatalidade prosódica do francês.

Talvez também em parte pela frequência da cordeona (também chamada no país de sanfona ou harmônica), das violas, do oficleide, por um fenômeno perfeitamente aceitável de mimetismo a voz não cultivada do povo se tenha anasalado e adquirido um número de sons harmônicos que a aproxima das madeiras. Coisa a que propendia naturalmente pelas nossas condições climatéricas e pelo sangue ameríndio que assimilamos. O anasalado emoliente, o rachado discreto é constante na voz brasileira até com certo cultivo. Estão nos coros maxixeiros dos cariocas. Permanecem muito acentuadas e originalíssimos na entoação nordestina. Dei com eles um Sábado de Aleluia no cordão negro do "Custa mas Vai" em São João Del Rei. Tornei a escutá-lo num boi-bumbá em Humaitá, no rio Madeira. E numa ciranda no alto Solimões.

E é perfeitamente ridículo a gente chamar essa peculiaridade da voz nacional, de falsa, de feia, só porque não concorda com a claridade tradicional da *timbração* europeia. Ser diferente não implica feiura. Tanto mais que o desenvolvimento artístico disso pelo cultivo pode fazer maravilhas. Da lira de quatro cordas dos rapsodos primitivos a Grécia fez as 15 cordas da cítara. Do santir oriental e do *cimbalom* húngaro que Lenau ainda cantou, ao piano de agora, que distância através de todas as variantes de clavicórdios! Da crueza e dos *erres arranhentos* da fala dele o francês criou uma escola de canto magnífico. Nosso timbre vocal possui um caráter passível de se aperfeiçoar. No canto nordestino tem um desproposito de elementos, de maneiras de entoar e de articular, susceptíveis de desenvolvimento artístico. Sobretudo o ligado peculiar (também aparecendo na voz dos violeiros do centro) dum *glissando* tão preguiça que cheguei um tempo a imaginar que os nordestinos empregavam o quarto-de-tom. Pode-se dizer que empregam sim. Evidentemente não se trata dum quarto-de-tom com valor de som isolado e teórico, baseado na divisão do semitom, que nem o posto em jogo faz alguns anos pelas pesquisas de Alois Haba. Mas o nordestino possui maneiras expressivas de entoar que não só graduam seccionalmente o semitom por meio do portamento arrastado da voz, como esta às vezes se apoia positivamente em emissões cujas vibrações não atingem os graus da escala. São maneiras expressivas de entoar, originais, caraterísticas e dum encanto extraordinário. São manifestações nacionais que os nossos compositores devem de estudar com carinho e das quais, se a gente possuísse professores de canto com o interesse pela coisa nacional, podia muito bem sair uma escola de canto não digo nova, mas apresentando peculiaridades étnicas de valor incontestável. Nacional e artístico.

Mas eu estava falando na divulgação silvestre que o violino já tem entre nós. É fato. também na minha viagem fecunda pela Amazônia, tive ocasião por duas feitas de examinar violinos construídos por tapuios que não conheciam nem Manaus. E ainda nesses a factura produzia uma *timbração* estranha que acentuava sem repugnar o anasalado próprio do instrumento. As rebecas de Cananeia também são feitas pela gente de lá.

O importante pro sinfonista nacional não me parece que seja se servir pois duma orquestra absolutamente típica. Haja vista o caso do jazz. Se é certo que a influência dele vale bem; se sem ele não podemos imaginar a existência do octeto, de Stravinsky ou de "Jonny spielt auf" da Krenek: o valor dele como enriquecimento sinfônico me parece pequeno. Porque o fato dos instrumentos polifônicos de percussão que nem o piano e o xilofone fazerem parte quase obrigada das obras sinfônicas de agora, o fato ainda do protagonismo até solista, que a bateria adquire certas feitas (por ex. no "Noneto", de Villa-Lobos) se coincidem com manifestações e tendências do jazz: são mais uma circunstância de época que influência afro americana. Não é por causa do jazz que a fase atual é de predominância rítmica.

É porque a fase atual é de predominância rítmica que o jazz é apreciado tanto. E com efeito, pra citar um caso só, a "Sagração da Primavera" de Stravinsky é anterior a expansão do jazz na Europa e é já uma peça predominantemente rítmica, com uma bateria desenvolvida que... profetizava o jazz.

O sinfonismo contemporâneo, que não é de nenhuma nacionalidade, é universal, pode perfeitamente ser brasileiro também. O que não quer dizer que os nossos compositores devam tratá-lo que nem fizeram Levy, Nepomuceno e infelizmente ainda fazem alguns novos. "Porque é justamente a maneira de tratar o instrumento quer solista quer concertante que nacionalizará a manifestação instrumental." Nossos sinfonistas devem depor reparo na maneira com que o povo trata os instrumentos dele e não só aplicá-la pros mesmos instrumentos como transportá-la pra outros mais viáveis sinfonicamente. Porque se o artista querendo numa obra orquestral dar um ponteio que nem o usado pelos violeiros e tocadores de violão, puser na partitura um *bandão de cavaquinho*, vinte violas e 15 violões, está claro que será muito difícil pelo menos por enquanto encontrar mesmo nas cidades mais populosas do país, número de instrumentistas capazes de arcar com as dificuldades eruditas da coparticipação orquestral. Se é possível e recomendável que os nossos compositores escrevam peças pequenas pra canto e viola, pra violão e flauta, pra oficleide caxambú e piano, *etc. etc.* e mesmo pra conjuntos de câmara mais ou menos típicos, um número orquestral de instrumentos característicos dificultava enormemente a execução da peça. Por isso e também pela eficiência de instrumentos de maior sonoridade, a transposição de processos é justa e bem recomendável. Aliás é o que está se fazendo com os compositores contemporâneos que tomei por mestres neste ensaio. E já que toquei nisto peço desculpa a outros compositores que também trabalham a coisa nacional por não citar as obras deles. Não cito porque ainda não se distinguem por uma dedicação ao problema, que tenha eficiência social.

Pois, voltando pro assunto: acho que as possibilidades de

transposição ainda são maiores do que o já feito. Ou menores... porque a transposição pode desvirtuar ou desvalorizar o instrumento. Como é o caso por exemplo de certas passagens do violino (especialmente os *pizicatos* da "Sertaneja") na "Suíte pra canto e violino" de Villa-Lobos.[16] Mas nossos ponteios, nossos refrões instrumentais, nosso ralhar, nosso toque-rasgado da viola, os processos dos flautistas e dos violonistas seresteiros, o oficleide que tem pra nós o papel que o saxofone tem no jazz, *etc. etc.* dão base larga pra transposição e tratamento orquestral, de câmara ou solista.

Eu tenho sempre combatido os processos técnicos e o critério instrumental que enfraquecem ou desnaturam os caráteres do instrumento e o fazem sair pra fora das possibilidades essenciais dele. Porém não me contradigo que não. Que o violino banque o violão, que a gente procure fazer do piano um realejo de rua, uma caixinha-de-música ou uma orquestra são coisas que não me interessam e na maioria das vezes são coisas de fato detestáveis. Não se trata disso. Depois de Cesar Franck, de Debussy, de Villa-Lobos não é possível a gente afirmar que os limites técnicos e estéticos do piano tenham sido fixados por Chopin. Uma transposição (não falo propriamente de imitação) da técnica e dos efeitos de um instrumento sobre outro pode até alargar as possibilidades deste e pode caracterizar nacionalmente a maneira de o conceber. A influência do belcanto sobre o violino de Paganini é manifesta e a deste sobre o piano de Liszt. Ernesto Nazareth soube em alguns dos tangos, dele transpor pro piano os processos *flautísticos* e a técnica do cavaquinho sem que perdesse por isso o pianístico excelente da obra dele. Lourenço Fernandez na "Canção do violeiro"[17] faz uma transposição pianística bem feliz do *toque-rasgado*.

Pois em orquestras comuns mas concebidas assim, o instrumento típico viria a juntar o seu valor sonoro novo e a sua eficiên-

---

16. Editora Max Eschig
17. Publicado pela editora Bevilaqua.

cia de caraterização. Nossos compositores ainda não imaginaram nisso bem. A própria maneira seccionada, dialogante com que é tratada tantas vezes a orquestração moderna facilita a introdução nela de instrumentos típicos. Um instrumentador bom pode numa orquestra tirar muito efeito com uma sanfona, com a marimba, com duas, quatro violas e outros instrumentos polifônicos. E mesmo os instrumentos solistas servem, também, está claro. E podemos criar agrupamentos de bateria completamente nossos. Possuímos um dilúvio de instrumentos ameríndios e africanos que merecem estudo mais inteligente da parte dos nossos construtores de instrumentos e dos nossos compositores. É ocioso enumerar todos aqui, mesmo porque não posso garantir que a minha colheita já esteja completa. Mas um estudo do grupo das três flautas parece, ("Rondônia" Roquette Pinto) ou das numerosas flautas dos Aparai ("In Düster des brasilianischen Ur-walds", F. Spciser) por exemplo, é absolutamente recomendável. Tanto mais que os instrumentos parece não devem ser chamados de flautas, pois a sonoridade deles por causa do material e da embocadura, na certa que é diferente. E o *batacotô*, o *checherê* o *ganzá* o *caiguatazú* o *curugú* e *jararaca* a *inubia* o *adjá afofiê membí membí-chuê membí-tarará agogô vatapí maracá boré oufuá etc. etc.* podem servir de condimento ocasional e porventura permanente. A música brasileira o que carece em principal é do estudo e do amor dos seus músicos.

FORMA

Me falta tratar o problema da forma... Aliás nos ficou do passado um cacoete detestável: o de chamar de *brasileiro* a peça de caráter nacional. Se um costume desses era explicável nos tempos de

Nepomuceno e Levy, agora já não tem razão de ser não. Nome assim avisa que o compositor faz uma concessão ao exótico ou pro estrangeiro.[18]

Quanto ao emprego de certas formas tradicionais não vejo prejuízo nisso embora não recomende. É uma inutilidade. Hoje essas formas são simples nomes como João, Arací, não têm valor formalístico mais. Se a gente lê "Sinfonia" no cabeçalho duma obra moderna sabe que se trata de trabalho mais desenvolvido e nada mais. O *allegro-de-sonata* anda bem desmoralizado.

Mesmo naqueles que ainda procuram seguir o formulário clássico, a desabusada libertação contemporânea permite construções que horrorizariam a Stamitz, e ao próprio C. Franck talvez. Se observe o "Trio brasileiro" de Lourenço Fernandez. Tratando a forma cíclica pela exposição de quase todos os temas no primeiro tempo o artista fez deste uma verdadeira conclusão antecipada. A *coda* do *allegro-de-sonata* sobre o tema do "Sapo Jururú" assume no Trio o valor de *cabeça* e não de *coda*: é o tema predominante. Com a constância dele e a circulação contínua dos outros temas sucedeu que o Trio apesar de *formalísticamente* tradicional adquiriu um caráter de parte única de uma unidade indissolúvel em que os andamentos diferentes são valores expressivos de estados-de-musicalidade do artista e não mais as partes dum esquema formal obrigatório. Tudo feito com uma lógica admirável.

Mas os nossos compositores têm demonstrado poder criador bem pequeno a respeito de forma, não se aproveitando das que o populário apresenta. Aproveitam-se quando muito de nomes que nem Villa-Lobos. Mas como a tudo quanto faz, Villa-Lobos imprimiu aos choros, serestas, cirandas, uma feição individualista excessiva não se utilizando propriamente das formas populares nem as desenvolvendo. Em todo caso o autor do genial "Rasga Coração" emprega com frequência a peça curta em dois

---

18. "Concerto italiano" Bach; "Sinfonia espanhola" Lalo; "Suíte brasileira", Respighi.

movimentos sem repetição do primeiro. Essa forma, em que estou longe de propor uma originalidade brasileira[19] é comum em nosso populário. Ocorre nas rodas infantis[20] nas toadas e frequentemente nos cocos (ver na segunda parte).

O canto nacional apresenta uma variedade formal que sem ser originalidade dá base vasta pra criação artística de melodia acompanhada. Possui uma diversidade rica de formas estróficas com ou sem refrão. Mesmo a melodia infinita encontra soluções formais típicas nos cocos. É verdade que na segunda parte deste livro dou apenas uma amostra do que são os cocos. É que reservei a maioria dos documentos colecionados pra um livro que sairá no ano que vem. Dentre os desafios muitos se revestem duma forma estrófica tão vaga (segunda parte, os dois desafios com Mané do Riachão) que são recitativos legítimos. Ainda sob o ponto de vista da melodia infinita os fandangos paulistas são de modelo bom. E ainda lembro os martelos, certos lundus muito africanizados,[21] as parlendas, os pregões, os cantos de trabalho sem forma estrófica, as rezas das macumbas. Todas essas formas se utilizando de motivos *rítmico-melódicos* estratificados e circulatórios, nos levando pro rapsodismo da Antiguidade (Egito, Grécia) e nos aproximando dos processos *lírico-discursivos* dos sacerdotes indianos e cantadores ambulantes russos, nos dão elementos formalísticos e expressivos pra criação da melodia infinita caracteristicamente nacional.

Também quanto a formas corais possuímos nos reisados e demais danças dramáticas, e nos cocos muita base de inspiração formal. Nos cocos então, as formas corais variam esplendidamente.

Ora, eu insisto no valor que o coral pode ter entre nós.

Musicalmente isso é óbvio. Sobretudo com a riqueza moderna em que a voz pode ser concebida instrumentalmente, como

---

19. Ver as "Tonadas" de H. Allende, chileno, *Ed. Senart*, Paris.
20. "A pombinha voou", "Padre Francisco", segunda parte
21. "Ma Malia" na segunda parte; "Lundu do escravo", *Revista de Antropofagia*.

puro valor sonoro. O Orfeão Piracicabano empregando sílabas convencionais adquire efeitos interessantes de *pizzicato*, de destacado breve ou evanescente. E em boca-fechada obtém efeitos duma articulação e fusão harmônica absolutamente admiráveis. Ainda aqui o exemplo de Villa-Lobos é primordial. Se aproveitando do cacofonismo aparente das falas ameríndias e africanas e se inspirando nas emboladas ele trata instrumentalmente a voz com uma originalidade e eficácia que não encontra exemplo na música universal.[22]

Mas os nossos compositores deviam de insistir no coral por causa do valor social que ele pode ter. País de povo desleixado onde o conceito de Pátria é quase uma quimera a não ser pros que se aproveitam dela; país onde um movimento mais fraco de progresso já desumaniza os seus homens na vaidade dos separatismos; país de que a nacionalidade, a unanimidade psicológica; uniformes e comoventes independeram até agora dos homens dele que tudo fazem pra desvirtuá-las e estragá-las; o compositor que saiba ver um bocado além dos desejos de celebridade tem uma função social neste país. O coro humaniza os indivíduos. Não acredito que a música adoce os caracteres não. Se nos tempos de Shakespeare adoçou já não faz isso mais não. Os círculos musicais que assunto de longe são sacos de gatos. A música não adoça os caracteres, porém o coro generaliza os sentimentos. A mesma doçura molenga, a mesma garganta, a mesma malinconica, a mesma ferócia, a mesma sexualidade peguenta, o mesmo choro de amor rege a criação da música nacional de norte a sul. Carece que os sergipanos se espantem na doçura de topar com um verso deles numa toada gaúcha. Carece que a espanholada do baiano se confraternize com a mesma baianada do goiano. E se a rapaziada que feriu o assento no pastoreio perceber que na Ronda gaúcha, na toada de Mato Grosso, no aboio do Ceará, na moda paulista, no desafio do Piauí, no coco norte-rio-grandense, uma chula do rio Branco, e até no maxixe carioca, e até numa

---

22. "Sertaneja", "Noneto", "Rasga Coração", das editoras citadas.

dança dramática do rio Madeira, lugar de mato e rio, lugar que não tem gado, persiste a mesma obsessão nacional pelo boi, persiste o rito do gado fazendo do boi o bicho nacional por excelência... É possível a gente sonhar que o canto em comum pelo menos conforte uma verdade que nós estamos não enxergando pelo prazer amargoso de nos entregarmos pro mundo...

Quanto à música pura instrumental possuímos numerosas formas embrionárias. A forma da Variação é muito comum no populario. O que carece é especificar e desenvolver nossos processos de variação. Ela ocorre de maneira curiosa nos maxixes e valsas cariocas sobretudo na maneira de tratar a flauta. O "Urubu", sublime quando executado pelo flautista Pixinguinha, afinal das contas não passa de um tema com variações. Nos cocos a variação é comum. Por vezes não são os temas estróficos que variam propriamente, porém se apresentam acrescentados de parte nova ou com um dos elementos substituídos por outro que nem se verá nos "Fandangos da madrugada" e na versão araraquarense do "Sapo Cururu" (segunda parte). Por vezes as variantes duma peça muito espalhada assumem o aspecto de verdadeiras variações que nem no caso do "Canto de Usina" e do coco junto dele (segunda parte).

Quanto a danças temos até demais. Se pela expansão grande que teve a forma coreográfica do maxixe, este, o samba, a embolada, o cateretê, se confundem na música popular impressa e praceana, isso não se dá nas danças de tradição oral. Cada uma delas tem a sua coreografia e seu caráter, embora a gente possa reduzir todas a três ou quatro tipos coreográficos fundamentais, que nem já fez Jorge M. Furt[23] com as danças argentinas. Carece, pois, que os nossos compositores e folcloristas vão estudar a fonte popular pra que as danças se distingam melhor no caráter e na forma.

L. Galiet já se aplicou em parte a isso numa série de peças infantis a quatro mãos, ainda inéditas.

---

23. "Coreografia Gauchesca" Editora Coni, Buenos Aires, 1927

Sambas, maxixes, cocos, chimarritas, catiras, cururus, faxineiras, candomblés, chibas, baianos, recortadas, mazurcas, valsas, scottish, polcas,[24] bendenguês, tucuzís, serranas, além das que possuem uma só música própria e particularizadas por alguma peculiaridade coreográfica e intituladas pelo texto que nem "Quero Mana",[25] "Caramujo" "Dão-Dão" "Manjericão" "Benzinho amor" "Nha Graciana" "Assú" "Urutágua" "Chico" "Benção de Deus" *etc. etc.* Além das dinamogenias militares, dobrados marchas de carnaval etc. Tudo isso está aí pra ser estudado e pra inspirar formas artísticas nacionais.

E além de serem formas isoladas fornecem fundo vasto para criação das suítes de música pura. E se a métrica das nossas danças obedece no geral a obsessão brasileira da binaridade, os ritmos, os movimentos são variadíssimos e com eles o caráter também. A forma de suíte (série de danças) não é patrimônio de povo nenhum. Entre nós ela aparece bem. No fim dos bailes praceanos, até nos chás dançantes é costume tocarem a música "pra acabar" constituída pela junção de várias danças de forma e caráter distintos. E se de fato não basta essa brincadeira possivelmente de importação, não sei, pra justificar a forma de suíte como hábito nacional, ela ocorre noutras manifestações também. Nas rodas infantis é comum a piazada ajuntar um canto com outro. Chegam mesmo a fixar suítes com sucessão obrigatória de peças. Uma das minhas alunas me exemplificou isso bem com uma roda grande composta de três melodias tradicionais reunidas e que as crianças da terra dela jamais imaginariam que não fosse uma roda só. Os cortejos semirreligiosos semicarnavalescos dos maracatus nordestinos não são mais que uma suíte. Nas cheganças e reisados a mesma forma é perceptível. O fandango

---

24. As formas de importação que cito já tiveram uma caracterização nacional. Não cito o tango argentino e o fox-trote porque não adquiriram caráter nacional ainda aqui: são simples pastichos.
25. No sul de São Paulo, "Quero Mana" também é sinônimo de Desafio. Então, não é dançado.

do sul e meio do Brasil se na maioria das feitas é sinônimo de bailarico, função, assustado (aliás o próprio baile é uma suíte) muitas vezes é uma peça em forma de suíte.

A mim me repugnava apenas que suítes nossas fossem chamadas de *suíte brasileira*. Por que não *fandango*, palavra perfeitamente nacionalizada? Por que não *maracatu* pra outra de conjunto mais solene? Por que não *congado* que tantas feitas perde o seu ritual de dança dramática pra revestir a forma da música pura coreográfica da suíte? Ou então inventar individualisticamente nomes que nem a "Suíte 1922" de Hindemith, ou a "Alt Wien" de Castelnuovo-Tedesco.

Imagine-se por exemplo uma suíte:

1. *Ponteio* (prelúdio em qualquer métrica ou movimento);

2. *Cateretê* (binário rápido);

3. *Coco* (binário lento), (polifonia coral), (substitutivo de sarabanda);

4. *Moda ou Modinha* (em ternário ou quaternário), substitutivo da ária antiga;

5. *Cururú* (pra utilização de motivo ameríndio), (pode-se imaginar uma dança africana pra empregar motivo afrobrasileiro), (sem movimento predeterminado);

6. *Dobrado* (ou samba, ou maxixe), (binário rápido ou imponente final).

Suítes assim, dentro da preferência ou inspiração individual, a gente pode criar numerosíssimas.

E já que estou imaginando em peças grandes, é fácil de evitar as formas de sonata, tocata etc. Muito desvirtuadas hoje em dia. É seguir o exemplo de C. Franck no "Prelúdio coral e fuga". Dentro de criações dessas, sempre conservando a liberdade individual a gente podia obedecer a obsessão humana pela construção ternária e seguir o conselho razoável de diversidade nas partes. "Ponteio, acalanto e samba"; "Chimarrita, aboio e louvação" *etc. etc.*

E mesmo formas complexas destituídas de caráter coreográfico, de música pura ou com intenção descritiva ou psicológica, que nem as peças de Schumann ("Kinderszenen", "Carnaval" etc.), de Debussy ("Iberia"), de Malipiero ("Rispetti e Stramboti") e tantos outros. Ora os nossos reisados, bumbas meu boi, pastoris, sambas-do-matuto, serestas (serenatas), cirandas se prestam admiravelmente pra isso. Se um compositor tiver seu bumba meu boi ou o seu choro, isso impede que outro crie o dele também? E se pode utilizar nessas formas os próprios temas populares, como estes mudam de lugar pra lugar, de tempo em tempo, de ano em ano até o quê que impede a utilização nessas formas de temas inventados pelo próprio compositor? Nada.

Não é na procura de formas características que o artista se achará em dificuldade. Porém duas coisas se opõem a fixação e generalização de turmas nacionais: a dificuldade de estudo do elemento popular e o individualismo bastante ridículo do brasileiro.

Nosso folclore musical não tem sido estudado como merece. Os livros que existem sobre eles são deficientes sob todos os pontos de vista. E a preguiça e o egoísmo impede que o compositor vá estudar na fonte as manifestações populares. Quando muito ele se limita a colher pelo bairro em que mora o que este lhe faz entrar pelo ouvido da janela.

Quanto à vaidade pessoal se um músico der pra uma forma popular uma solução artística bem justa e característica, os outros evitarão de se aproveitar da solução alheia. Nós possuímos um individualismo que não é libertação: é a mais pífia, a mais protuberante e inculta vaidade. Uma falta de cultura geral filosófica que normaliza a nossa humanidade e alargue a nossa compreensão. E uma falta indecorosa de cultura nacional. Indecorosa.

A falta de cultura nacional nos restringe a um regionalismo

rengo que faz dó. E o que é pior: essa ignorância ajudada por uma cultura internacional bêbada e pela vaidade, nos dá um conceito do plágio e da imitação que é sentimentalidade pura. Ninguém não pode concordar, ninguém não pode coincidir com uma pesquisa de outro e muito menos aceitá-la pronto: vira para nós um imitador frouxo.[26] Isto se dá mesmo entre literatos, gente que por lidar com letras é supostamente a mais culta. A mais bêbeda, concordo.

Todas estas constatações dolorosas me fazem matutar que será difícil ou pelo menos bem lerda a formação da escola musical brasileira. O lema do modernismo no Brasil foi "Nada de escola!"... Coisa idiota. Como se o mal estivesse nas escolas e não nos discípulos...

A nossa ignorância nos regionaliza ao bairro em que vivemos. Nossa preguiça impede a formação de espíritos nacionalmente cultos. Nossa paciência faz a gente aceitar esses regionalismos e esses individualismos curtos. Nossa vaidade impede a normalização de processos, formas, orientações. E estamos embebedados pela cultura europeia, em vez de esclarecidos.

Os nossos defeitos por enquanto são maiores que as nossas qualidades. Estou convencido que o brasileiro é uma raça admirável. Povo de imaginação fértil, inteligência razoável; de muita suavidade e permanência no sentimento; povo alegre no geral, amolegado pela malinconia tropical; gente boa humana, gente

---

26. Um tempo criticaram ridicularisantemente Lourenço Fernandez porque "plagiara" na "Canção Sertaneja" (ed. Bevilaqua) o acompanhamento da "Viola" (Miniaturas, nº2, ed. C. Artur Napoleão) de Villa-Lobos. A entumecência individualista impedia de verem que se os dois compositores se aplicavam a transpor para o piano processos instrumentais populares, haviam de coincidir nalgum ponto. E, sobretudo, ninguém não percebeu que mesmo tento havido aceitação da parte de L. Fernandez, pois que o processo não era invenção livre do autor da "Viola" mas transposição de um processo popular, havia largueza culta em Lourenço Fernandez aceitando uma solução alheia e que essa e que essa largueza homenageava o outro autor em vez de diminuí-lo.

do quarto de hóspede; gente acessível;[27] povo dotado duma resistência prodigiosa que aguenta a terra dura, o Sol e o clima detestavam que lhe couberam na fatalidade. Mas os defeitos de nossa gente, rapazes, alguns facilmente extirpados pela cultura e por uma reação de caráter que não pode tardar mais, nossos defeitos impedem que as nossas qualidades se manifestem com eficácia. Por isso que o brasileiro é por enquanto um povo de qualidades episódicas e de defeitos permanentes.

Mas este ensaio vai acabar menos *amarguento*. O brasileiro é um povo esplendidamente musical. Nosso populário sonoro honra a nacionalidade. A transformação dele em música artística não posso dizer que vai mal, não; vai bem. Figuras fortes e moças que nem Luciano Gallet, Lourenço Fernandez e Villa-Lobos orgulhavam qualquer país. Dentre os nomes das gerações anteriores, vazios são ilustres sem condescendência. Carlos Gomes pode nos orgulhar além dos pedidos da época e nós temos que fazer justiça a quem está como ele entre os melhores melodistas universais do século XIX. Os mais novos aparecendo agora se mostram na maioria decididos a seguir a orientação brasileira dos três mestres que me serviram de documentação neste livro. Dos nossos virtuoses, alguns nobilíssimos, não honro estes não: me interessam e glorifico principalmente aqueles uns que não sacrificados ao ramerrão da plateia internacional, guardam memória dos nossos compositores nos programas deles. A única bereva da nossa música é o ensino, pessimamente orientado por toda a parte.

É possível se concluir que neste ensaio eu remoí *lugares-comuns*. Faz tempo que não me preocupo em ser novo. Todos os meus trabalhos jamais não foram vistos com visão exata porque toda a gente se esforça em ver em mim um artista. Não sou. A minha obra desde *Paulicea desvairada* é uma obra interessada,

---

27. Bertoni, "Anales Científicos Paraguayos", Série III, n. 2, 4° de Antropologia, ed. "Ex Silvis", Puerto Bertoni, 1924: livro que devia de ser cartilha pra brasileiro, e de muita matutação quando fala na fusão das raças aqui.

uma obra de ação. Certos problemas que discuto aqui me foram sugeridos por artistas que se debatiam neles. Outros mais fáceis entram pra que meu trabalho possa remediar um bocado a invalidez dos que principiam. E se o escrito não tiver valor nenhum sempre o livro se valoriza pelos documentos musicais que seguirão agora.

## Gravação nacional[1]

Alguns clamam contra a produção nacional de discos e, meu Deus, afinal das contas têm razão. Mas essa razão é o mais ou menos sutil, mais de ordem filosófica que propriamente objetiva. Uma coisa de que estou bastante convencido é que o homem é mesmo um ser notabilíssimo, muito superior ao que parece na realidade. Essa é a razão pela qual podemos nos ofender com a discagem que sai. A fonografia brasileira, ou pelo menos realizada no Brasil, não tem apresentado o homem brasileiro na sua superioridade virtual.

Mas, como se está vendo, o argumento é de ordem perfeitamente universal. Primeiro: quero saber mas em que ordem de manifestação humana o homem brasileiro tem se conservado nesse domínio da sua superioridade virtual, que ele podia ter? Na economia temos sido duma desastrosa bestice apesar da clarividência dos Murtinhos. Na política, atos dignos de tradição não sobem talvez a cinco por cento na gesticulação nacional. Na poesia a porcentagem é pouco maior, ponhamos uns vinte por cento. E pras artes em geral vinte por cento já é muito.

Porém o que não consola, mas pelo menos explica, essa inferioridade do homem brasileiro em relação a si mesmo, é que em todos os países do mundo se passa mais ou menos a mesma coisa. Quais os livros de versos que se salvam na poetagem francesa, por exemplo? Incontestavelmente uma ninharia em relação ao todo. De certo os franceses são dos piores poetas do mundo e escolhi mal exemplo. Peguemos o *jazz*, que está mais próximo

1. Crônica publicada originalmente no Diário Nacional em 10 de maio de 1930, transcrita aqui com ortografia atualizada. Conferir *A música popular brasileira na vitrola de Mario de Andrade*. São Paulo: Sesc, 2004.

da verdade. Já está mais do que sabido que o *jazz* é um dos problemas mais complicados da etnografia universal e o melhor é a gente se ficar pensando que um *jazz* definitivo específico e histórico não existe. Mas o que me impressiona é que também não existe ianque profundamente sabido em coisas de *jazz* que não recuse por não ser produção básica, e não ter a superioridade... virtual do *jazz*, noventa por cento da manifestação que corre como tal, já não digo no mundo, mas nos norte-americana.

Inda faz pouco afirmava isso mesmo Erwin Schwerke (*Kings Jazz and David*), acrescentando que mesmo as *orquestrinhas* ianques de negros, judeus e internacionais que percorrem a terra são apenas *jazz* pra inglês ver, e nada têm desse legítimo rei do nosso tempo.

De todas essas considerações aparentemente otimistas em relação ao Brasil, me convenço de outra coisa: estou inabalavelmente convencido de que o homem é incapaz de ser humano e que na realidade o que ele é, com perdão da palavra, não digo.

Da discação internacional, escapam do ruim talvez uns trinta por cento. Está claro que não falo como fabricação, que essa em algumas fábricas, Brunswick, Victor, Gramphone, a maioria das vezes é esplêndida. Falo da música que essas mesmas fábricas no dão. E se a crítica de discos universal não estivesse ainda tanto no domínio dessas gentilezas, ponhamos, sociais que permitem a um Henry Prunières criticar com a mesma complacência *Pulcinella* de Stravinki e *E licevan le stelle*..., estou vendo o clamor humano justo, justificadíssimo contra a discoteca universal.

A discação brasileira é quase que exclusivamente do domínio da música popular urbana, quero dizer, a depreciada, banalizada pelos males da cidadania. O favor dum amigo *vitrolófilo* (quanto neologismo!) me tem proporcionado felizmente a audição desse gênero musical, de vários países europeus e americanos. Franqueza: a produção é o que tinha de ser, dada a incapacidade do homem ser humano. E não é inferior à nossa. Nem superior. O bom, o que mostra o homem na sua superioridade virtual, continua duma porcentagem mínima. O que temos a fazer, os que colecionamos Dante, Shakespeare, Shelley, Goethe, Heine e talvez Baudelaire em nossas bibliotecas, é selecionar também os discos de valor.

Ultimamente ainda ouvi dois que não podem ficar ausentes duma discoteca brasileira: o Babaó Miloqué (Victor) e o Guriatã de coqueiro (Odeon). São duas peças absolutamente admiráveis como originalidade e caráter. E admiravelmente executadas.

A história do primeiro nos dá uma lição. A primeira registração da melodia era banal, não escapava da sonoridade normal das *orquestrinhas* maxixeiras do Rio. Foi recusada por isso. O autor Josué Barros, se viu na contingência de fazer coisa *nova*. Mas o novo pro indivíduo folclorizado é muito relativo e as mais das vezes se confina (felizmente) em desencavar passados que guardou de sua própria vida, ou lhe deram por tradição. Toda a originalidade do Babó Miloquê está nisso. Uma orquestração interessantíssima que, excluindo os instrumentos de sopro, é exatamente, e com menos brutalidade no ruído, a sonoridade de percussão dos maracatus do Nordeste.

A lição está clara. Exigir do produtor de músicas folclorizado que não se deixe levar pelo fácil que lhe dá menos trabalho. Guiar os passos dele pra evitar nos discos (que não são documentação rigidamente etnográfica) a monotonia que é por exemplo a censura possível a discos também esplêndidos como *Vamo apanhá limão* (Odeon), *O senhor do Bonfim* (Vistor), ou o recente *Escoieno noiva* (Colúmbia), da série regional de Cornélio Pires. A intromissão da voz tem de ser dosada pra evitar o excesso de repetição estrófica. Os acompanhamentos têm de variar mais na sua polifonia, já que não é possível na harmonização, que os tornaria pedantes e extra populares. E variar também na instrumentação. E que isso é possível dentro do caráter nacional, provam muito bem os dois lindos discos que citei anteriormente.

## Carnaval tá aí[1]

Preocupações, preocupações, comunismo, Instituto do Café, falam os heróis, mas, mas, carnaval tá aí. Otília Amorim, num samba, com razões que sem serem propriamente intelectuais, razões de perna, digamos, que sempre também são razões, filosofa que nem mesmo o dinheiro é que lhe permite a felicidade que possui... Carnaval tá aí, agruras, desocupação itinerante, álcool motor... nada prejudica: o Brasil vai entrando em estado de felicidade. Já é sabido que o preparo e enfim gozo do carnaval é uma das causas do nosso conformismo.

Mas o que me interessa no carnaval neste momento é a nossa música que sempre teve nele uma das fontes fecundas de evolução. O maxixe nasceu do carnaval, parece quase certo, lá na caverna carioca dos estudantes de Heidelberg. Nele ainda, a nossa dança cantada principal evolucionou. Ao contato dos temas melódicos nordestinos se tornou melodicamente mais pesada, menos irrequieta na rapidez de movimento. E retomou por isso e com isso o nome de Samba, que hoje é uma variante do maxixe carioca mais importante que ele, até no próprio Rio de Janeiro.

O carnaval é uma espécie de cio ornitológico do Brasil, o país bota a boca no mundo numa cantoria sem parada. Vão aparecendo as danças novas, as marchinhas safadas, os batuques *maracatuzados*. Dantes as cantigas novas vinham mais penosamente através da música impressa e a propaganda das *orquestrinhas* de

---

1. Esta crônica foi escrita em 18 de janeiro de 1931 para o Diário Nacional, transcrita aqui com ortografia atualizada. Publicada no livro *A música popular brasileira na vitrola de Mario de Andrade*.

bares, agora não: o lançamento se faz quase exclusivamente através dos discos de gramofone. São as grandes casas de fonografia que se incumbem atualmente da fixação e evolução da nossa dança cantada.

Ora, estes últimos anos os discos de carnaval nada têm produzido de muitíssimo notável. A *Pavuna* do ano passado era duma mediocridade desolante. Se não me engano, depois do *Pinião* que do Nordeste veio, não tivemos mais nada de verdadeiramente bom. Tenho aqui comigo os discos de carnaval lançados agora pela fábrica Victor, e encontro no meio deles, entre as mesmas mediocridades de sempre, três discos de valor artístico e excepcional. Não sei se terão sucesso popular e ficarão na memória das ruas carnavalescas, o povo é sempre um segredo. Ora acata o bom, ora o pior, dominado por uma lei secreta que pelo menos por enquanto ninguém não descobriu. Não posso augurar nada pois, mas nada impede que sejam estes três discos, das coisas melhores da discagem popular nacional.

Dois deles representam bem o Rio, o terceiro é todo o Nordeste carnavalesco: *Nego Bamba* (33413), *Desgraça pouca é bobage* (33404), e *São Benedito é ôro só* (33380).

Dos dois primeiros, preciso guardar o nome do compositor J. Aimberê, que será talvez o substituto de Sinhô, não sei. Estas obras deles são curiosíssimas. Pegou bem aquela maneira de seccionar constantemente as frases do canto, coisa que Sinhô tinha como admirável habilidade e em que o nosso canto maxixeiro de procedência negra vai coincidir curiosamente com o processo improvisatório vocal dos blues afro-ianques. Mas não é apenas pela música que Nego Bamba e Desgraça pouca são esplêndidos. São na realidade discos perfeitíssimos como riqueza e caráter orquestral, como escolha de sonoridades vocais e como gravação. A fábrica Victor tem hesitado e mesmo errado bastante nas suas gravações brasileiras. Diante de sonoridades novas, de processos novos de cantar, era natural, os técnicos norte-americanos que vieram para cá se desnortearam. Muitos foram os insucessos, em principal pela má disposição de instrumentos, ante o microfone.

Especialmente nas cantigas e danças com viola, só ultimamente, ao cantar do delicioso piracicabano Zido Dias, é que a fábrica Victor conseguiu algum equilíbrio e discos bons. Nestes agora a gravação já é perfeita.

E quem merece ainda todos os aplausos é a cantora. Otília Amorim, cuja voz gasta e admiravelmente expressiva... do que se trata, soube tirar efeitos magníficos, principalmente no Nego Bamba, que, no gênero, é incontestavelmente uma obra-prima.

A outra obra-prima do terno é o *São Benedito é ôro só*, de Mora da Mota, sem dúvida aproveitando temas-nordestinos. Que saudades que me deu, Recife, cair do frevo, ou então, lá *prás* bandas do trem-de-ferro, sambando com os negros do Leão Coroado, até fugir num último esbafo, pedindo a bênção pra cachorro e chamando gato de tio... O disco é uma adaptação admirável dos processos musicais de maracatus, conseguindo, sem descaracterizar nada, tirar os defeitos da manifestação popular, em principal o excesso desequilibrado da percussão que chega às vezes a impedir totalmente que se escute a linha da melodia. No disco não, a introdução discreta dum instrumento de cordas dedilhadas, na percussão é duma graça deliciosa, o percuciente da voz solista, quase tão excelente na sua nasalação como o maravilhoso solista do *Vamo apanhá limão*, a bonita cor do segundo plano do coral, tudo concorre pra fazer desse disco uma das obras-primas da discação nacional.

Qual! Diante de coisas assim a gente perde a tramontana, cai no frevo e manda à fava todas circunspecções. E tanto mais este ano, em que a rapidez da desgraça e a oratória dos heróis só tornou mesmo possível a felicidade de Otília Amorim...

    — Tu vais!
    Mas, e os teus pais?
    — É Carnaval!...

## A música e a canção populares no Brasil[1]

O estudo científico da música popular brasileira ainda está por fazer. Não há sobre ela senão sínteses mais ou menos fáceis, derivadas da necessidade pedagógica de mostrar aos estudantes a evolução histórica da música brasileira. Por isso, o que existe de publicado tende naturalmente a estabelecer generalizações, muito mais de ordem crítica e práticas sobre origens, influências e possibilidades musicais, deixando de lado qualquer análise técnica mais profunda, que possa realmente interessar à musicologia folclórica.

É preciso distinguir, primeiramente, que em nossos países americanos, há sempre dois campos distintos que a musicologia folclórica deverá cultivar. Dum lado está a música dos ameríndios, doutro a música popular nacional propriamente dita.

A música dos ameríndios do Brasil é quase desconhecida em suas criações melódicas. Jean de Léry já grafava em nosso primeiro século algumas melodias dos Tupis do litoral, mas tanto dessa como de outras contribuições de igual gênero, não temos possibilidade alguma de controle para determinar se são exatas ou não. O mais provável é que sejam todas inexatas. Só no século XX aparecem estudos feitos sobre a prática musical dos ameríndios brasileiros, mas são poucos números e circunscritos a regiões relativamente pequenas.

Quando à música popular nacional, propriamente dita, a bibliografia também apresenta pequeno número de obras de valor realmente folclórico. A musicologia nacional está na infância, e só recentemente se vão fazendo colheitas de melodias, com espírito científico.

1. Capítulo do livro *Ensaio sobre a música brasileira*, transcrito aqui com ortografia atualizada.

Aliás, o problema da música popular brasileira é de natureza muito especial, pelo fato de sermos uma nacionalidade de formação recente e não propriamente autóctone. As próprias condições e progressos de feição americana, transformam poderosamente o processo das nossas manifestações, populares ou não. Por tudo isso, um conceito rigidamente científico de *canção popular*, tal como a etnografia a define, nos levaria com o sr. Julien Tiersot, na *Encyclopédia de la Musique de Lavignac*, a encerrar a possibilidade de negar a existência de canções populares entre os americanos!

A bem dizer, o Brasil não possui canções populares, muito embora possua, incontestavelmente, músicas populares. Quero dizer: nós não temos melodias tradicionalmente populares. Pelo menos não existem elementos por onde provar que tal melodia tem sequer um século de existência. Os pouquíssimos documentos musicais populares impressos que nos ficaram, de fim do século XVIII ou princípios do século seguinte, já não são mais encontrados na boca do povo, que deles se esqueceu. Existem tantos populares, principalmente romances e quadras soltas, de origem ibérica, que permanecem até agora cantados. (E mesmo destes, uma grande figura de folclorista, como Amadeu Amaral, levado pelo conceito do anonimato multissecular e generalização popular de Folclore, se viu obrigado a aceitar apenas em número muito restrito, nos seus estudos). Porém, esses documentos recebem melodias várias em cada região e mesmo em cada lugar. Será possível alguma rara vez determinar, pelo estudo dessas diversas melodias sobre um mesmo texto, que uma parece mais antiga que a outra; mas é impossível, pela ausência de elementos de confrontação, imaginar o grau de ancianidade de qualquer delas.

Assim, não teremos o que cientificamente se chamará de *canção popular*. Mas seria absurdo concluir por isso que não possuímos música popular! Tanto no campo como na cidade florescem com enorme abundância canções e danças que apresentam todos os caracteres que a ciência exige para determinar a validade folclórica duma manifestação. Essas melodias nascem e morrem com rapidez, é verdade, o povo não as conservas na memória. Mas se o documento musical em si não é conservado, ele se cria sempre dentro de certas normas de compor, de certos processos de cantar, reveste sempre formas determinadas, se manifesta dentro de certas combinações instrumentais, contém sempre certo número de constâncias melódicas, motivos rítmicos, tendências tonais, maneiras de cadenciar, que todos já são tradicionais, já perfeitamente anônimos e autóctones, às vezes peculiares, e sempre característicos do Brasileiro. Não é tal canção determinada que é permanente, mas tudo aquilo do que ela é construída. A melodia em seis ou dez anos poderá obliterar-se na memória popular, mas os seus elementos constitutivos permanecem usuais no povo, e com todos os requisitos, aparências e fraquezas do *tradicional*.

Outra face do problema que exige adaptação americana especial, é a questão do urbano. É de boa ciência afastar-se de qualquer colheita folclórica a documentação das grandes cidades, quase sempre impura. Será possível adotar-se semelhante critério ao Brasil?

As condições de rapidez, falta de equilíbrio e de unidade do progresso americano tornam indelimitáveis espiritualmente, entre nós, as zonas rural e urbana. Nas regiões mais ricas do Brasil, qualquer *cidadinha* de fundo sertão já possui água encanada, esgoto, luz elétrica e rádio. Mas, por outro lado, nas maiores cidades do país, Rio de Janeiro, no Recife, em Belém, apesar de todo o progresso, internacionalismo e cultura, encontram-se núcleos legítimos de música popular em que a influência deletéria do urbanismo não penetra.

A mais importante das razões desse fenômeno está na interpenetração do rural e do urbano. Com exceção do Rio de Janeiro, de São Paulo, e poucas mais, todas as cidades brasileiras estão em contato direto e imediato com a zona rural. Não existem, a bem dizer, zonas intermediárias entre o urbano e o rural, propriamente ditos. No geral, onde a cidade acaba, o campo principia. E realmente numerosas cidades brasileiras, apesar de todo o seu progresso mecânico, são de espírito essencialmente rural.

Por tudo isso, não se deverá desprezar a documentação urbana. Manifestações há, e muito características, de música popular brasileira, que são especificamente urbanas, como o choro e a modinha. Será preciso apenas ao estudioso discernir no folclore urbano, o que é virtualmente autóctone, o que é tradicionalmente nacional, o que é essencialmente popular, enfim, do que é popularesco, feito à feição do popular, ou influenciado pelas modas internacionais.

Recusar a música popular nacional, só por não possuir ela documentos fixos, como recusar a documentação urbana só por ser urbana, é desconhecer a realidade brasileira.[2]

---

2. No exemplar consultado para a transcrição, há um traço lateral feito à lápis do parágrafo que começa com *A bem dizer*, na p. 86, até este ponto. A frase "mas tudo aquilo de que ela é construída", compreendida nesse trecho, foi grifada a lápis. De acordo com os métodos de trabalho de Mário de Andrade, esses traços seriam marcas para fichamento, estudo mais desenvolvido ou aproveitamento em outra obra. A partir daqui, foram suprimidas quatro seções do texto original. [N. O.]

## A pronúncia cantada e o problema do nasal brasileiro através dos discos[1]

Num dos seus "Ensaios de antropologia brasiliana",[2] o sr. Roquette-Pinto principia afirmando que "há, pelo menos, uma diferença essencial entre os idiomas falados oficialmente em Portugal e no Brasil: a pronúncia. É fato evidente, que ninguém contesta."

Ninguém o contesta, com efeito, e não teremos jamais precisão de laboratórios de fonética experimental para verificar tão nua verdade. Permite-se, no entanto, a Discoteca Pública de São Paulo, no início desta sua comunicação ao Congresso da Língua Nacional Cantada, exprimir o voto insistente para que se montem no Brasil, o mais breve possível, alguns laboratórios de fonética experimental. Só com eles, em comparação com o que já se tem feito em Portugal, poderemos chegar a uma consciência científica das profundas dissemelhanças do nosso falar em relação ao português, bem como das variantes que já começam a se fixar nitidamente nas pronúncias regionais do Brasil.

A fala dum povo é porventura, mais que a própria linguagem, a melhor característica, a mais íntima realidade se não da sua maneira de pensar, pelo menos da sua maneira de expressão verbal. É a luta perene entre o chamado *erro de gramática* e a verdade. No papel um pronome poderá estar mal colocado, na fala nunca. As próprias deficiências de expressão verbal da gente iletrada,

1. Este trabalho foi apresentado por Mário de Andrade no 1º Congresso da Língua Nacional Cantada, de 1937, e discute dicção entre cantores e cantoras do *bel canto*. Foi depois publicado como um capítulo do *Aspectos da música brasileira*, volume XI de suas Obras Completas. Cf. *Aspectos da Música Brasileira*, organização de 2012 da Nova Fronteira.
2. E. Roquette-Pinto: *Ensaios de anthropologia brasiliana* in Biblioteca Pedagógica Brasileira – Comp. Editora Nacional, São Paulo, 1933 (p. 97).

são mais que discutíveis. Elas não derivam da ignorância gramatical ou vocabular, mas afundam as suas raízes num estádio psíquico diverso que as justifica e lhes tira totalmente o caráter de *deficiências*. E de resto estão condicionadas a mil outras maneiras de expressão, o gesto, o rosto, a entoação, e um mesmo silêncio, muito mais ricos de vida, e suficientemente sintéticos para substituírem a abundância de vocabulário e a ideia clara das literaturas.

A língua realmente viva, a que vive pela boca e é irredutível a sinais convencionais, é o que dá o sentido expressional duma nacionalidade.

Mais que o significado especial das palavras, a entoação geral do idioma, a acentuação e o modo de pronunciar os vocábulos, o timbre das vozes é que representam os elementos específicos da língua de cada povo. Essa música racial da linguagem corresponde, em harmonia perfeita, aos outros caracteres da raça, e é tão verdadeiro este fato que as canções, quando traduzidas de uma para outra língua, perdem grande parte do seu encanto.[3]

Mas se não possuímos ainda os laboratórios de fonética experimental que nos venham dar uma certeza científica sobre a nossa exata pronúncia, é certo que a discoteca brasileira já nos fornece material abundante de observação e de exemplo, muito mais útil, muito mais normativo principalmente que a observação escrita e os sinais da grafia musical. Não só a pronúncia oral tem seus caracteres especiais, mas essa mesma pronúncia, quando cantada, se transforma, ou melhor, se condiciona aos caracteres da voz musical, resultando desse mútuo condicionamento de palavra e canto, a beleza exata e a total validade expressiva das músicas nacionais. Nunca uma canção transcrita no papel ou no instrumento poderá dar a quem a estuda, a sua exata realidade. E a verificação desta verdade, depois que a fonografia veio nos apresentar o mundo de riqueza do cantar de todos os povos da

---

3. E. Dupré e M. Nathan: *Le Langage Musical* (n. 607). Ed. Felix Alcan-Paris, 1911 (p. 27).

Terra, tornou a grafia musical por meios não mecânicos, bastante desautorizada como base de estudos etnográficos e folclóricos. Na sua admirável monografia sobre a música negro-africana, o professor Hornbostel afirmava preliminarmente que "como material para estudo, os fonogramas são imensamente superiores à notação das melodias e não se pode conceber que este método inferior ainda seja usado. Basta verificar que exclusivamente por meio da fonografia, é que podemos obter a coisa legítima. O pressuposto geral de que a substância de uma canção pode ser notada em pauta com os auxílios, talvez, de sinais diacríticos e texto explicativo, é mera superstição europeia, ocasionada pela evolução da música e a maneira geral de pensar dos europeus. Os próprios cantores dão tanta importância ao timbre da voz e à dicção como a qualquer outra coisa. E mesmo às vezes mais. De fato, dicção e timbre demonstram ser caracteres raciais profundamente predeterminados por funções fisiológicas, e são, por isso, valiosa prova das relações e diferenciações antropológicas. Assim, os povos e suas músicas, não se distinguem tanto pelo que cantam como pela maneira porque cantam. Que pensaríamos dum estudante de filologia que se despreocupasse da fonética? E como poderá ninguém estudar foneticamente uma língua sem tê-la ouvido falar?".[4]

Estas justas apreciações do célebre etnógrafo sobre o valor da fonografia vêm de encontro a um problema do canto nacional que a Discoteca Pública ousa considerar de máxima importância para a música erudita do Brasil: o problema do *bel canto*.

O *bel canto*, ou mais exatamente as diversas escolas do canto europeu, tem sido até agora a única base de estudos, a única fonte de exemplos, a única lei de conduta do canto erudito nacional. Ora, estribada em tão ilustres professores como os que já citamos, ousa a Discoteca Pública perguntar se tal orientação é acertada? Se realmente pretendemos nacionalizar a nossa mú-

---

4. E.M. Hornbostel: *African Negro Music*. Ed. International Institute of African Languages and Cultures – Londres (p. 5).

sica erudita, trabalho em que coincidem atualmente os poderes públicos, os institutos musicais e quase todos os compositores do país, não seria também justo que os nossos cantores e professores buscassem também nacionalizar o nosso canto, indo beber na fonte do povo o mesmo alimento fecundo em que os nossos compositores se reforçam? Ninguém duvida que o *bel canto* europeu, o *bel canto* que é um só, possa prover o canto nacional brasileiro dos mesmos estudos técnicos de desenvolvimento vocal que tanto servem a um alemão como a um português. E isso mesmo, porque o canto nacional brasileiro tem as mesmas bases tonais e harmônicas do canto europeu e dele se criou. Podemos, portanto, e devemos continuar nos mesmos estudos técnicos do *bel canto* europeu. Mas se estes estudos encorpam, afirmam e desenvolvem a voz, não são eles que fazem o próprio canto. Este deriva muito mais do timbre, da dicção e de certas constâncias de entoação, que lhes dá o caráter e a beleza verdadeira. E se usamos no canto brasileiro, o timbre, a dicção e as constâncias de entoação que nos fornece o *bel canto* europeu, o canto nacional se desnacionaliza e se perde, naquela mesma vacuidade de caráter em que se dispersaram as obras de um Leopoldo Miguez ou de um Henrique Osvaldo.

Mas se a Discoteca Pública se julga no dever de reconhecer a vacuidade de caráter nacional das obras de um Miguez ou de um Osvaldo, nem de longe pensa em retirar delas o direito àquela *beleza verdadeira*, que exigiu acima para o canto nacional. É porque tais autores, usando mais frequentemente a música instrumental, ou o canto em língua estranha, poderão ter encontrado em suas obras a beleza verdadeira que lhes competia. Mas não pode haver beleza verdadeira, beleza que seja ao mesmo tempo legitimidade e concordância absoluta de ser, não pode haver beleza verdadeira no canto nacional desde que este se utilize de timbres, maneiras de dizer e entoar importadas da Europa. A beleza individual de uma voz de cantor, pelos seus atrativos, poderá nos encantar e enganar, deixando-nos esquecidos de nós e da pátria. Mas assim se passarão mais dez mil anos para a ouvinte imóvel escutando os gorjeios do rouxinol... Essa não será ainda para o canto nacional a sua beleza verdadeira. Esta só poderá legitimar-se e se exaltar em toda a sua humana grandeza, se baseada no timbre, na dicção e nas maneiras de entoar dos brasileiros.

O estudo dos discos de canto nacional abre desde logo uma distância amarga e ilegítima entre os cantores eruditos e os cantores... naturais. Se ouvimos, por exemplo, os agradáveis cantares da sra. Abigail Parecis ("Meu amor", Columbia, 5003-B), não poderemos mais saber onde o Brasil reside.

Não é exemplo isolado. Se estudarmos ainda a sra. Carmen Gomes,[5] também não ouviremos timbre de Brasil. E a dicção é absolutamente desnorteante. Em "A flor e a fonte" ouviremos *parõ mar*[6] em vez de *par'u mar*; *rápida ê frria, brranca*; *ê os restos*, em vez de *i us restus*, além duma abrupta evanescência de *ss* finais. Na outra face do disco, então, como o texto não nos é conhecido, a audição percebe apenas palavras soltas, só depois de várias e insistentes audições, conseguindo adivinhar completamente a poesia. Caso também estranho é o do sr. Cândido Botelho,[7] cuja agradável voz não consegue disfarçar defeitos lamentáveis de dicção. Ouvem-se *quèria, abraçar, bôniteza, mênrabicham, esforço, esquece, agitado, vibrrarás*, e mesmo um *fal-la* com dois *ll*, sem a menor brasilidade.

Caso interessante é o da sra. Lea Azeredo Silveira,[8] com quem já nos aproximamos bem mais da realidade nacional. Esta cantora apresenta uma excelente dicção bem brasileira, principalmente quanto à prolação de vogais. Seu único defeito no disco citado, talvez seja uma lamentável tendência para a fortificação do r fraco de grupos consonantais com *fr*, *tr*, etc. Na modinha "Foi numa tarde calmosa", ouvem-se perfeitamente um *sofrri* e *inebrriado* desnorteantes. Outra observação a fazer-se talvez seria quanto ao timbre. Voz de carícia extrema, em que a todo

---

5. Victor, 33392.
6. Os acentos extraordinários não indicam tonicidade, mas cor das vogais.
7. Columbia, 22044-B.
8. Victor, 33333.

instante surpreendemos inflexões bem nacionais, conserva-se, no entanto, numa tal ou qual distância bastante difícil de definir. No disco que se está estudando a voz da sra. Lea Azeredo Silveira se caracteriza por um acentuado e constante nasal. Porém, este nasal se distingue bastante do nasal brasileiro, é mais um caráter individualista de voz, tendendo mais para o nasal francês, tão profundamente distinto do nosso.

Mais curioso ainda é o caso da sra. Elsie Houston na série de discos que gravou para a Columbia.[9] Acreditamos que esta admirável cantora foi quem atingiu em discos a maior perfeição como prolação exata dos fonemas nacionais. Que admirável e exata riqueza de vogais surdas! Sua voz não é muito fonogênica e perde um pouco do seu timbre próprio na gravação, mas por esta se percebe a extrema perfeição dos fonemas tanto de fala culta como em certos casos de caracterização inculta, exigidos pelas peças populares que estão gravadas. A cor das vogais surdas é notavelmente rica e apropositada, os grupos consonânticos são habilmente emitidos, os *r*, *l* e *s* finais se diluem com excelente discrição, sem se caracterizarem, como no caso da sra. Carmen Gomes, por uma espécie de final brusco, de menos agradável efeito. Só no timbre porém, que aliás é lindíssimo, a sra. Elsie Houston, carioca filha de norte-americano e brasileira, não apresenta bastante evidência nacional, embora ainda seja ela o que temos de mais brasileiro como voz erudita. Mas a sra. Elsie Houston também se afasta profundamente das *timbrações* europeias. Os seus nasais, o seu roliço aflautado, a sua limpidez de emissão se equiparam exatamente aos das cantoras *afroianques* de espirituais, quando boas. Chegou mesmo, entre nós, a impressionar a identidade de *timbração* da sra. Elsie Houston com a da grande cantora Marian Anderson, quando esta retomava os processos afro-ianques de entoação para cantar espirituais. Também às vezes as cantoras afro-brasileiras quando excelentes apresentam

---

9. "Puxa o melão", "Eh Jurupaña", "O barão da Bahia", Columbia, 7014-B, 7050-B e 7053-B.

esses mesmos caracteres de nasalização, aflautado e limpidez. Mas o nasal não se entoa com maior fechamento da boca e o aflautado é mais tênue, mais delicado, como se poderá observar na maravilhosa voz feminina que aparece no cântico "No terreiro de Alibibi".[10]

Por este exemplo de diferenciação entre timbre afro-ianque e afro-brasileiro, se verifica que não apenas a *timbração* europeia do *bel canto* descaracteriza a voz brasileira, como também as *timbrações* de qualquer outra maneira racial de cantar. Exemplo quase monstruoso do que se afirma, poderá ser observado com a gravação que o quarteto coral das Singing Babies fez do "Luar do sertão".[11] Não chega a ser caricatura porque nos assombra em seu maligno exotismo. O timbre, a entoação, a dicção, os processos de coralizar completamente diversos dos nossos, fazem desse disco precioso um modelo constante para cantores e para compositores também. Porque, de fato, a lição contundente desse registro, mostra a todos o quanto certas maneiras de cantar e de compor deformam a coisa nacional.

Assim há que prevenir os cantores nacionais, quer de canto erudito, quer de rádio e *naturais*, contra os timbres americanos que da Argentina, da América do Norte ou de Cuba nos vêm. É grande felicidade nossa não apresentarmos no canto as *timbrações*, entoações e amaneirados vocais tão desagradavelmente afeminados, que caracterizam a voz masculina de muitos cantores de tango argentino... *de salão*, ou da canção norte-americana, de que o filme e o disco desastrosamente nos inundam. O delicioso Bando da Lua, tantas vezes feliz pela beleza das canções que apresenta, como na "Menina que pinta o sete",[12] de excelente pronúncia, não raro se dispersa em norte-americanismos vocais de vário perigo para nós. Outros entoam como se viessem dos pampas... de salão.

10. Victor, 33586.
11. Victor, 33925.
12. Victor, 34009.

Ao passo que na voz feminina do Brasil os melhores exemplos, como o da sra. Lea Azeredo Silveira, o da sra. Carmen Miranda, o da sra. Stefana de Macedo e a lindíssima voz do "No terreiro de Alibibi", para citar quatro polos da voz feminina nacional; ao passo que em todas estas vozes há uma carícia, uma tenuidade, uma sensualidade perfeitamente femininas, os nossos cantores, homens de voz mais essencialmente brasileira, se caracterizam pela masculinidade vocal. Se é certa e penosa a grande ausência de vozes de baixo (como de contralto) no Brasil, não menos certa é a forte cor abaritonada das nossas vozes mais caracteristicamente nacionais. Não o barítono italiano útil para os "Barbeiros de Sevilha". Mas um barítono mais liso, mais *clarinetístico*, às vezes de um tom clarinante de esplêndido nasal, quando a voz se timbra de afro-brasileirismo vocal. Nem tenores nem baixos. Nem barítonos de *bel canto*. Mas uma voz ao mesmo tempo tenorizante e serenamente forte, duma carícia musculosa, sem falsetes nem outras falsificações sexuais. Nem argentinidades nem norte-americanismos.

Mas então, o que é o timbre nacional? Se é certo que já tentamos lhe definir algumas qualidades com todos estes *textos explicativos*, de que se riu um pouco o professor Hornbostel, e com razão, nada melhor que o disco para demonstrar o que é o timbre, a entoação, o caráter vocal do nosso povo. São numerosos os discos, de vozes principalmente cariocas, *carioquizadas* ou nordestinas, em que se poderá surpreender o caráter vocal brasileiro. Não citaremos nomes por enquanto. Lembraremos apenas um disco, bastante estapafúrdio, que é a prova mais violenta da diferença de timbre, de maneiras de entoar e dizer, entre a voz brasileira e o *bel canto* europeu. Queremos nos referir à gravação do Sapo dourado, do sr. Hekel Tavares, em edição Victor. A primeira face do primeiro disco é extremamente comprovante do que afirmamos. Estão nessa face três pequenas peças musicais. A primeira é um solo pelo barítono sr. De Marco, que está inteiramente ao serviço do *bel canto* italiano. A segunda peça é um coro dialogado entre vozes masculinas e femininas, em que não houve a menor intenção artística de equilíbrio e fusão coral. Mas como são coristas nacionais, provavelmente sem nenhuma educação vocal, já se observam as perigosas vogais abertas das nossas vozes femininas, e um melhor grupo masculino bem brasileiramente timbrado. Finalmente, na terceira peça, que é o momento decisivo da prova que damos, há um dueto entre o baixo sr. Perrota Filho, também exclusivamente afeito ao *bel canto* italiano que o educou, e o surpreendente *barítono* sr. H. Tapajós. E com este surge um mundo novo, que no caso é o novo mundo do Brasil. Poderemos realmente classificar de *barítono* o sr. H. Tapajós? Incontestavelmente não, se tomarmos como critério de classificação vocal o *bel canto* europeu. Nem barítono nem tenor europeu. O sr. H. Tapajós é simplesmente uma adorável, uma sensata voz masculina brasileira. Neste desnorteante disco, em que vínhamos ouvindo palavras nacionais de um assunto tão nacional como o sapo cururu, completamente danificadas por entoações estranhas e um coro grosseiramente mal equilibrado, confessemos que quando surge a brasileiríssima voz do sr. H. Tapajós, o mundo se revela. É a identidade, é o equilíbrio. Assunto, palavras e timbre derivam agora duma fonte comum, e o prazer é indizível. Surge aquela *beleza verdadeira* de que falamos atrás. As vozes dos srs. De Marco e Perrota Filho são bonitas, não discutimos. Porém esta boniteza em texto nacional, nada consegue legitimar, e as deformações são tão numerosas e agressivas que a repulsa é instintiva. Só a voz do sr. H. Tapajós nos reconcilia com a beleza verdadeira, e sossegamos, reentrados no seio da pátria maternal. É de nosso parecer, diante de prova tão clarividente, que o canto erudito nacional, se não buscar no timbre, na dicção, nas maneiras de entoar, e especialmente na nasalação dos nossos cantores naturais uma maior legitimidade nacional, não poderá seguir o caminho ilustre que estão abrindo os compositores contemporâneos do Brasil.

Principalmente como timbre e entoação. Na dicção, menos. Os nossos cantores naturais, pela confissão dos discos, são seres alfabetizados e muito urbanos, o que os desnatura bastante na dicção. Muitos deles fazem horrores, cantando ortograficamente, em principal as vogais surdas.

Um caso curioso, por exemplo, é a sra. Stefana de Macedo. Quando esta cantora canta peças regionais nordestinas de estilo exclusivamente popular, *rural*, por assim melhor caracterizar o que dizemos,[13] a sua voz é admiravelmente verdadeira como caráter e dicção. Já, porém, quando a cantora em modinhas urbanas, como na menos agradável "História triste de uma praieira",[14] canta em dicção menos ruralizada, se aproximando do falar culto, a sua dicção é lastimável. Perde-se grande parte da *timbração* característica e ouvem-se defeitos graves de pronúncia, tais como *mêntiu-me, ô sino, sêntia, escurêcia, fêliz, pôr* (preposição), *quê ia*.

A palavra *feliz* que enumeramos, é por certo das mais infelizes da dicção nacional. Não possuímos quase nenhum cantor que tenha coragem de lhe emitir o e surdo em sua cor exata. É lamentável. Se vamos ouvir a sra. Otília Amorim,[15] de voz tão original na sua *timbração* de samba carioca, só temos a deplorar que no meio duma dicção bem apropriada apareça a *fêlicidade*, com e fechado em vez de surdo. O sr. Sílvio Caldas, no samba "Chorei, nêga",[16] que é aliás perfeitamente pronunciado, só num momento hesita e nos dá também o *fêliz* com o e fechado. Quanto à sra. Sônia de Carvalho, também de excelente e curiosa *timbração* nacional, o seu registro "A infelicidade me persegue"[17] demonstra uma hesitação quase absurda. No primeiro refrão só conhece o e fechado ao dizer *infêliz*ade e *sou infêliz*, no que a imita ridiculamente o coro. No segundo refrão, tem-se a impressão de que a cantora já está se repondo em seu natural, pois se escuta *infílicidade*, embora ainda *infêliz* se repita com o e fe-

---

13. "Batuque" e "Bambalelê", Columbia, 5093-B e 5067-B.
14. Columbia, 5093-B.
15. "Eu sou feliz", Victor, 33413.
16. Victor, 33424.
17. Victor, 34014.

chado. Só da terceira vez a cantora parece ter se esquecido das preocupações do... bem dizer, e as duas palavras soam com e surdo, em perfeita naturalidade.

O caso do sr. Mário Reis parece colocar-se no polo oposto ao dessa dicção ortográfica da *felicidade*. Tanto na marchinha "Deixa esta mulher chorar"[18] como em outro disco Odeon (n. 10569) leva ao exagero a pronúncia normal, buscando familiarizá-la, mas na verdade, viciando-a bastante. Os seus *ee* surdos em *filiz* e *inquanto*, já não são propriamente *ee* surdos, mas verdadeiros *ii* abertos, de perigosa e nova desnaturação.

O problema dos *ee* e *oo* surdos é incontestavelmente o que encontra menos soluções apropriadas na discografia nacional. O sr. Agnelo Chagas[19] se salienta pelas vogais desastradas, pronunciando *tê lembras, dô ranchinho, jurastê, caminhô, desde que ô abandonastê, pôrque, dê ti, dê-manhã ê dê-tardinha, êstá êscuro, coqueirô, t'êsperar*. Poucos serão assim tão ortográficos... Mas o sr. Ubirajara, na canção "Mariquita",[20] também nos diz *ao pé dê mim* e *ri dê mim*. A sra. Carmen Miranda, aliás normalmente boa dizedora de seus textos, além dum *dêpois* discutível, emite um *sêguirei* em "Na batucada da vida".[21] O sr. Francisco Alves, no famoso "Foi ela" do carnaval de 1935, se aprimora em emitir mal os *e* surdos. Aliás no Deixa esta mulher chorar, já citado, e sua outra face, em que este cantor dialoga com o sr. Mário Reis, observa-se uma diferença profunda de emissão do e surdo, neste mais familiarizado, no outro muito hesitante. E também como nasalação, o sr. Mário Reis é bem mais tipicamente nosso que o seu par.

Curioso é o caso da palavra *depressa* que os nossos foneticistas afirmam talvez apressadamente, iniciar com e fechado. Assim a emite o sr. Mário Araújo na canção "Eu hei-de ser de você" (Victor, 33405), onde, porém parece ignorar a existência do e

18. Odeon, 10715.
19. "Já não te lembras", Victor, 33373.
20. Victor, 33303.
21. Victor, 33769.

surdo. Mas a sra. Elisa Coelho, cuja pronúncia é aliás um primor de vogais reduzidas, no samba carioca "Caco velho"[22] diz um *dipressa* bastante assustador.

Mas os próprios coros nacionais, mesmo cariocas, se aprimoram em dizer ortograficamente o e surdo. No "Samba de reúna"[23] o coro canta fechadamente *êim* por *im* na frase *Em Mangueira também tem*. Nos corais paulistas, tais confusões ainda se defendem um pouco enquanto não tivermos fixado uma língua-padrão para o canto nacional. Ninguém ignora a desagradável pronúncia *paulistinha querida*[24] do carnaval de 1936. Caso curioso é o disco *Homem que chora*[25] do grupo Batutas Rio-Clarenses, formado de homens de cor. Ouvem-se *ti cônhêci* no passado e um *u* trocado por *ô* em *môlher*, dicção que só temos ouvido algumas vezes na boca de ítalo-paulistas. Alçando-nos para coros mais eruditos, colheremos nos discos gravados pelo Orfeão Piracicabano,[26] *êmbolada* por *imbolada*, *quê* por *qui*, *ô poder*, *perfeitô*, *baixinhô* e um *ê sê quebrou* da mais sossegada paciência paulista. O próprio Coral Paulistano, que foi talvez o primeiro coral brasileiro a cuidar seriamente da nacionalização do dizer, ainda deixa escapar pequenas falhas nos discos por nós gravados.[27] Ouve-se ainda um *entrê, Irene* no solo de baixo da "Irene no céu", um *noite ê dia* no "Tenho um vestido novo" e um quase *pôeta* uma das vezes em que esta palavra aparece no "Canto do matuto".

Entre os bons exemplos de emissão de vogais surdas, além da sra. Elsie Houston que é modelar, poderemos ainda citar a sra. Elisa Coelho nas duas faces do disco Victor número 33322. É verdade que está imitando pronúncia rural, mas a observação não se invalida por isso.

---

22. Odeon, 11143.
23. Victor, 33408.
24. Victor, 34036.
25. Victor, 33376.
26. Victor 33229 e 33230.
27. Discoteca Pública, ME 4 e 5.

Uma verificação muito curiosa que a análise da discografia nacional nos proporciona é quanto à pronúncia do *s*. É sabido que principalmente na fonética carioca e ainda de outras regiões do Brasil, o *s* soa como *j* ou *x*. Ora, é quase em vão que procuramos esta pronúncia nos discos nacionais. Talvez apenas a sra. Carmen Miranda o conserve com mais evidência. No "Adeus, batucada",[28] que apesar dum lastimável *quêrida*, é de excelente pronúncia, escutam-se uns *ss* levemente chiados, de aceitável discrição. E o mesmo se dirá observando o "Na batucada da vida" já citado, em que o *s* vibra às vezes como discreta fricativa sonora, mas outras nitidamente surdo, como entre paulistas e mineiros. Essa repulsa quase unânime ao s como valor de *x* ou *j*, mesmo entre cantores cariocas ou *acariocados* pelas virtudes do samba e da marchinha, é já boa tradição, cremos, para evitar o excesso de ruídos prejudicial ao canto, provocados pelas fricativas sonoras. Não poderemos nesta comunicação, que se limita a observações de ordem geral, entrar em peculiaridades e curiosidades individualistas do nosso dizer. O fenômeno, porém, das vogais abertas tem sua justificativa neste estudo, por se generalizar bastante. Se observarmos, por exemplo, o sr. Floriano Belhan, quando era ainda menino o *contraltista* na "Sinhá",[29] surpreenderemos, além do admirável nasal, algumas vogais não tônicas, discretamente abertas e que, apesar das afirmativas em contrário, nos querem parecer bem nacionalmente timbradas. Também a senhora Carmen Miranda, em "Pra você gostar de mim",[30] concorre com um *no ámor* mais discutivelmente nacional. É de crer-se talvez que, no canto, estas vogais abertas de cantores solistas, não derivem da maneira inculta do cantar carioca, mas antes seja uma consequência de fortes acentuações. O sr. Sérgio da Rocha Miranda, na Bahia, do compositor Hekel Tavares (em disco Odeon), tinha uma maneira muito batida, muito oclusiva de pronunciar o *b* de

28. Odeon, 11285.
29. Victor, 33410.
30. Victor, 33263.

"Bahia", acentuando-o, que o levava naturalmente a abrir desmesuradamente o *a* protônico. Embora com um *b* mais discreto e em meio duma ótima dicção nacional, o samba "É da lua"[31] volta a nos presentear com um *Bàía*, um *bàrulho* e um *é dà lua* que sem serem, no caso, nordestinismos regionais, são de bastante caráter musical nosso. Na mesma peça aliás ainda se recolhe um *sâmbà* com o a postônico excessivamente claro, sem cair em qualquer acento de ordem musical.

Mas é principalmente nas vogais nasais abertas que o problema se complica mais. E com ele entramos na parte mais aflitiva desta comunicação.

A língua portuguesa se caracteriza por uma fala de forte constância nasal. Essa é, pelo menos, a observação de alguns estrangeiros que visitaram Portugal. Ludwig Tiek e o imperador Maximiliano do México, maldaram do português pela sua nasalização. "É uma curiosa linguagem que muito pueril me parece ainda — diz o primeiro: o português engole quase tudo e profere e suspira internamente mais sílabas do que as que lhe soam pela boca e pelos lábios. Mais ocupado, porém, é ainda o nariz; muito mais mesmo do que em francês. Isso dá ares, com efeito, do porco ou do leitão." E pertence a Maximiliano este ridículo mau humor: "Quem não ouviu o português, não sabe como o diabo fala com sua avó, pois um tal pronunciar roufenho, sibilante, escabroso, composto de *gruninhos*, um tal nasalar lingual e palatal, através de um aglomerado de todos os sons grosseiros e desagradáveis, só o diabo encolerizado o pode inventar."[32]

Há evidente o desprezível exagero em tais opiniões, porém delas se tira que a certos estrangeiros, faladores de outras línguas, o português chama a atenção pela sua nasalidade. Provavelmente

---

31. Parlofon, 13273.
32. Apud Hipólito Raposo: "A língua e a arte", in *A questão ibérica*, ed. do Integralismo Lusitano, Lisboa, 1916 (p. 88).

esta sensação deriva em grande parte, ou mesmo exclusivamente, da existência do *ão*, tropeço de toda a gente, e polícia secreta denunciador de metecos.

É provável que o português, convertido em língua nacional dos brasileiros, tenha se acrescido de mais frequente nasal. É que aqui raça e linguagem se complicaram pela fusão de outros sangues e outras línguas, estas, quase sempre, fortemente nasais.

Que as línguas autóctones desta parte da América, especialmente o tupi-guarani, eram muito nasais, parece indiscutível. O sr. Raimundo Lopes, estudando os tupis ainda existentes no Maranhão, parece, em parte ao menos, negar a constância de nasalidade da língua tupi. "Não vi falado o tembé nem o urubu com a gama nasal que faz tão esquisito o tapirapé", afirma o ilustre etnógrafo do Museu Nacional.[33] Já porém para o sr. Teodoro Sampaio, com bastante desprezo pelos direitos da língua nacional, a nasalação brasileira é um vício que os ameríndios exclusivamente nos herdaram. "O vício da nasalação, herdado do índio, leva ainda hoje o brasileiro a fazer nasais, sons que em vocábulos portugueses absolutamente não o são [...]. Na língua primitiva do país, a voz nasal gozava de certa preponderância nos vocábulos. O prestígio dessa voz num vocábulo tupi dava-lhe para modificar as vozes vizinhas, antecedentes e consequentes [...]. Pela mesma razão pronunciava o indígena *cançãçã*, nome da conhecida urticácea, em vez de *caá-çã-çã*, que é o verdadeiro, com todos os seus elementos glóticos, nome donde procede o nosso "cançanção", já de feição aportuguesada. Daí também o vício brasileiro... etc.[34]

Se a principal língua ameríndia provavelmente, como no bom exemplo acima, contribuiu para o contingente de nasalidade da língua nacional, ainda poderá ter contribuído para a nasalidade

---

33. Raimundo Lopes: Os tupis do gurupi, in Atas, Tomo I do XXV Congresso Internacional de Americanistas, 1932 – Universidade Nacional de La Plata (p. 166).
34. Teodoro Sampaio: "A língua portuguesa no Brasil", in *Revista de Filologia e História*, Rio de Janeiro (Tomo I, fasc. 4, p. 467).

do nosso canto, a maneira primitiva de cantar dos ameríndios que conosco se fundiram. O sr. Mário de Andrade, definindo o canto dos primitivos, escreve: "Vive anasalado, vive no falsete (o som), pouco evidente no meio de portamentos arrastados. Verifiquei processos assim entre os índios brasílicos, nos fonogramas existentes no Museu Nacional; Roquette-Pinto me confirmou pessoalmente a frequência do som nasal entre os nossos índios, e Roberto Lach generaliza esses processos aos primitivos em geral".[35] Ora, esses mesmos processos de nasalização em portamentos arrastados são frequentes, são de uso sistemático em peças de caipiras e mesmo de negros da região Minas-São Paulo. É mesmo essa a maneira sistemática de entoar certas invocações a solo e coro que precedem, nesta região do país, a execução de partes de bailados (como no Moçambique) e de danças (Dança de Santa Cruz; sambas e jongos rurais). Exemplos bastante característicos e comprovantes do que afirmamos podem ser estudados nas gravações e filmagens feitas por nós, expressamente para as nossas coleções de estudo. Citaremos, entre outras provas, o filme *Moçambique*, por nós gravado entre caipiras de Mogi das Cruzes, e as sonorosas invocações da Dança da Santa Cruz, de Itaquaquecetuba,[36] ambos do estado de São Paulo. Ainda a Folia de Reis,[37] de caipiras e pretos mineiros de Lambari, mostra uma correspondência de nasalização tão íntima com essas invocações absolutamente estranhas e originais, incomparáveis a qualquer entoação de outros países, que nos parece muito provável a entoação nasal típica desta região do país, derivar como maneira de timbrar a voz musical, diretamente das entoações musicais dos ameríndios.

Do nasal caipira, tão diverso do carioca e do nordestino, a discografia nacional nos oferece ótimas e numerosas provas. Observe-se, por exemplo, a notável moda caipira "Prende os ca-

---

35. Mário de Andrade: *Compêndio de história da música*, 3ª ed. L. G. Miranda. São Paulo, 1937 (p. 13).
36. Discoteca Pública, disco F–I, fon. n. 1.
37. Discoteca Pública, disco F–VII e VIII, fon. n. 20 e 21.

britinhos",[38] bastante característica em sua entoação nasal, principalmente no final da peça, em que nos surpreende a entoação *gracĩnhã* com o *n* nasalizando as duas vogais que o cercam. Também os cantadores Olegário e Lourenço, na moda "Triste Festa de São João"[39] são bons exemplos deste nasal caipira, que se manifesta especialmente no canto, e não é constância do falar. Ainda o cantador piracicabano Zico Dias e seu companheiro,[40] e ainda mais tipicamente os dois admiráveis discos *Columbia Folia de Reis* e *Toada de mutirão* (n. 20032-B e 20033-B) servem de molde. Já na toada "Chora nenê"[41] se surpreende o nasal caipira convertendo-se em *timbração* mais urbana; e no esplêndido registro que é o batuque "Bananeira"[42] observa-se um nasal afro-caipira, já se afastando dos caipirismos de entoação e se aproximando do nasal afro-carioca. Aliás a dicção deste registro salienta ainda a constância das vogais abertas mesmo próximas de nasais, como *bànanêra*, *cumpànhero* e outras mais.

Mas se a fonética ameríndia veio provavelmente influir na constância de nasalidade da língua nacional, não foi menor nesse sentido a contribuição do negro. O sr. Edison Carneiro, em seu estudo *Religiões negras*,[43] nos diz que "os negros na Bahia nasalam todas as palavras nagôs. Mesmo as terminadas em *i* forte".

Não será, porém, necessário apelar para o testemunho dos autores para provar a forte nasalidade da pronúncia afro-brasileira. Ela se demonstra melhormente pelos discos. A discografia nacional apresenta uma coleção numerosa de discos em que se exemplifica esta pronúncia tanto falada como cantada. Se tomamos

---

38. Arte-Fone, 4124.
39. Victor, 33922.
40. Victor, 33933.
41. Victor, 33381.
42. Arte-Fone, 4023.
43. Edison Carneiro, *Religiões negras*, ed. Civilização Brasileira – Rio de Janeiro, 1936, (p. 184).

"História de um capitão africano",[44] as vozes negras do diálogo falado são de grande caráter e de nasal incisivo, tanto a masculina como a feminina.[45] De resto, frequentemente a voz negra feminina se manifesta menos nasal que a masculina. Esta distinção é facilmente observável no jongo "Quando o sol sair",[46] em que a voz feminina, mais aberta, se nasaliza menos que a masculina. O mesmo se dirá do magnífico registro "No terreiro de Alibibi" já citado, em que tudo se observa. A voz falada do preto velho, tão típico. Um coro fortemente nasalizado. Uma excelente voz nasal masculina. E uma esplêndida voz feminina, de admirável pureza e tenuidade, bem menos nasal, porém. O som mais agudo em an, surge, nesta voz feminina, entoando quase a claro terminado em leve nasalização. Em "Na mata virgem",[47] aliás tanto a voz masculina como a feminina estão excelentemente timbradas em nasal. Em "E vem o sol",[48] bem como no "Xô xuringa",[49] também temos bons e característicos exemplos de nasal negro, tanto falado como cantado. No primeiro destes dois discos dever-se-á observar a curiosa entoação de *girá* (girar), com sua curiosa cor, que já não é mais positivamente o *a* claro, nem chega a ser propriamente o *ã* nasal fechado, mais próprio da nossa fonética geral. É um nasal quase aberto, ou, para melhor exatidão: um *a* aberto quase nasal. O *a* nasal aberto virá dos afro-brasileiros? Eles parecem usá-lo com tal ou qual frequência. Mesmo os menos africanizados em seu timbre, como o sr. Francisco Senna, em "Meus orixás",[50] ainda emitem um *a* nasal que positivamente não é fechado.

O prof. Said Ali diz, um pouco apressadamente ao nosso

---

44. Victor, 33253.
45. Nesse disco aliás se observa também a concorrência das vogais abertas. Chega-se mesmo a ouvir *ôrubú* por *urubu*.
46. Victor, 33784.
47. Odeon, 10925.
48. Victor, 33420.
49. Victor, 33573.
50. Victor, 33953.

ver, que no "idioma brasileiro ocorre somente a série das mais fechadas".[51] Ora, basta ouvir o típico nasal do *limão* entoado pelo cantor Calazans em "Vamos apanhar limão"[52] para se verificar a ocorrência do nasal aberto entre nós. É certo que jamais, entre nós, o nasal chega a perder completamente a sua nasalidade, como em certas pronúncias regionais portuguesas, em que *mai* (mãe) chega a rimar com *pai*;[53] mas, como observa o prof. Sousa da Silveira para o verbo *andar*,[54] a nasal aberta não está completamente desterrada da nossa fonética. Os discos nacionais, especialmente os afro-brasileiros, vêm confirmar com certa frequência esta asserção.

Com o cantor Calazans, embora não lhe conheçamos a região de origem, estamos em pleno domínio da *timbração* nordestina. Outro disco do mesmo cantor, o *Oi-dá-dá*,[55] e sua outra face, nos confirma em sua *nordestinidade* de entoação, assim como o *Dá-lhe Toré*,[56] em que Calazans (Jaraca), dialogando com Ratinho, nos apresenta um registro regional excelente, de excelente caráter de timbre, aproximando-se do negro.

O *án* bastante claro e nordestino ainda se manifesta em outros cantores, como na *Cambinda velha*,[57] aliás todo ele bem exemplar do nasal brasileiro, até na voz de mulher. Também a sra. Stefana de Macedo[58] apresenta um *án* regularmente claro, ao mesmo tempo que é modelar como timbre nordestino rural. No curioso "Samba do Caná",[59] especialmente na outra face, em que se gravou

---

51. Said Ali, *Gramática secundária da língua portuguesa*, ed. Comp. Melhoramentos de S. Paulo (p. 10).
52. Odeon, 10398.
53. J. Leite de Vasconcelos, *De terra em terra*, Imprensa nacional, Lisboa, 1927 (vol. I, p. 27).
54. Sousa da Silveira, *Lições de português*, ed. Civilização Brasileira, Rio, 1934 (p. 348).
55. Odeon, 10473.
56. Columbia, 22185-B.
57. Columbia, 22187-B.
58. Cf. "Dois de oro", Columbia, 22208-B.
59. Odeon, 10073-B.

"Na praia", surge, fazendo solos para os Turunas da Mauricéa, o cantor Augusto Calheiros. Embora não possamos atinar com a nacionalidade deste solista, a sua dicção e certas maneiras de entoar nos recordam invencivelmente Portugal ou filiação portuguesa, com a curiosa voz assimilável à de certos cantores portugueses do fado.

A nasalação curiosa enfim, ou *carioquizada* em cantadores que se fixaram mais longamente no Rio e assimilaram a maneira carioca de cantar sambas e marchinhas, também concorre com discos numerosos a esta feira da nasalação nacional. Poderíamos lembrar neste sentido os cantores Sílvio Caldas em "Baianinha, vem cá";[60] "Almirante na batucada é tumba",[61] com ótimos nasais no *a* de *rial* e *naval*; J. B. de Carvalho, com sua voz amulatada em "O destino há-de falar",[62] do carnaval de 1933; e ainda tendendo mais para o afro, as vozes de "Auê"[63] e face oposta, vozes bem típicas, abertas, angustiosas da gente dos morros, que, quando desce pelos carnavais, enche as pesadas noites cariocas de uma alegria lancinante.

Ainda neste mesmo sentido, poderíamos citar o samba "Vejo lágrimas",[64] também do carnaval de 1933. O solista sr. Antônio Moreira da Silva, apresenta uma voz de *timbração* deliciosa, profundamente nossa, carioca, um nasal quente, sensual, bem *de morro*. A dicção está cheia de defeitos ortográficos e na própria entoação, embora uma vez só, fere-nos um *tãins* (tens) aportuguesado, insuportável, no meio de tanta brasileirice de música e de timbre.

Mais vagos, ao nosso ver, como regionalismo de caráter vocal, ainda surgem numerosos cantores brasileiros, bem constantemente nasais. É, por exemplo, o sr. Mota da Mota,[65] embora

---

60. Victor, 33407).
61. Victor, 33572.
62. Victor, 33607.
63. Odeon, 10917.
64. Columbia, 22165-B.
65. "Vou girá", Victor, 33380.

exagere um pouco a maneira rural de entoar. É o nasal admirável do sr. Raul Torres nesse dolente e brasileiríssimo "É a morte dum cantadô".[66] É o sr. Gastão Formente, que no "Foi boto, sinhá",[67] apesar de sua voz bastante ingrata, adquire uma cor nasal perfeitamente nossa. É também a sra. Araci de Almeida[68] com ótima cor de vogais e menos feliz prolação de consoantes. Neste disco, se apresenta um bom exemplo de variabilidade de pronúncia do *não*, bem claramente *nãum* quando mais vagaroso, e na outra face do disco, escurecendo-se na dicção mais rápida, até que, num quase presto, chega a soar quase exclusivamente *num*. As variantes melhores estão no fim da música ("Tenho uma rival"), após o refrão instrumental.

Outro momento exemplar de nasalização, encontra-se à frase "Vem ouvir como é bonito o samba chorado" no admirável samba "Abandona o preconceito" (Victor, 33908), cantado pelo Bando da Lua. Ainda ajuntaremos a voz encantadora do sr. Floriano Belhan em "Morena que dorme na rede",[69] com seu leve nasal de acariciante doçura. Já menos característicos seriam a sra. Carmen Miranda, que assume as proporções de um *caso* da música nacional, cujo timbre tem por vezes uns longínquos lusismos. Também o sr. Jorge Fernandes,[70] com sua voz tão simpática, como nasal não apresenta caracteres eficientemente nacionais.

Tão numerosas provas são mais que suficiente e concludente base de estudo para se poder afirmar que a fonética brasileira se caracteriza pela frequência dum nasal bem típico. Esta nasalização da língua nacional não escapa aos observadores estrangeiros que nos ouvem. O sr. Konrad Guenther,[71] numa deliciosa página de seu livro ainda tão pouco divulgado entre nós, faz uma curio-

---

66. Odeon, 11238.
67. Victor, 33807.
68. "Triste cuíca", Victor, 33927.
69. Victor, 33951.
70. Cf. "Banzo", Odeon, 4692.
71. Konrad Guenther, *Das Antliz Brasiliens*, ed. R. Voigtlaendler, Leipzig, 1927 (p. 220).

síssima observação. Discreteando sobre o bem-te-vi, cujo nome considera admiravelmente adequado aos costumes e à vivacidade do passarinho, observa que tanto o seu canto completo, *bem-te-vi*, como o seu piado, *piã*, apresentam um *i* nasalizado, como se fosse emitido pelo nariz. Esta entoação é tão caracteristicamente brasileira, confessa o adorável escritor, que muitas vezes, ao conversar com brasileiros, ele se recordava do timbre do bem-te-vi, e ficava na dúvida se era o tiranídeo que imitara a entoação dos brasileiros, ou estes a daquele. E conclui afirmando que o metal da voz brasileira condiciona-se muito bem à nossa natureza, e lhe recordava, por sua musicalidade, principalmente na boca das moças, o timbre da clarineta. A observação do sr. Konrad Guenther poderá não ser muito etnicamente científica, pelo que de contribuição nasais do português, do negro e do ameríndio se construiu a nossa clarineta, porém tanto pela imagem desta como pela direta afirmação, e julgamento cheio de simpatia do estrangeiro, vem de forma insuspeita garantir a nasalização do nosso dizer.

Diante, pois, de tão numerosos exemplos de timbre e de entoação bem nacionais que a discografia nos fornece; tendo a resolver o problema duma dicção própria, inconfundível, inassimilável à de qualquer das línguas europeias; apresentando principalmente uma nasalidade abundante e original, será possível ao canto erudito brasileiro sujeitar-se às exigências vocais do *bel canto* europeu, sem se desnacionalizar?... Pelas provas que demos não só os cantores eruditos levam enorme desvantagem de nacionalidade vocal aos nossos cantores naturais, como apresentam ainda forte tendência para desnaturar, em sua dicção, a nossa língua belíssima. O nasal não é um perigo nem sequer um defeito. Tem mesmo boa defesa europeia... Com efeito, no Congresso de Canto realizado em 1933 em Paris pela Académie du Chant Français, a moção aprovando as ressonâncias nasais foi aprovada por 42 votos contra seis.[72]

---

72. Cf. *Le Monde Musical*, de outubro de 1933 (p. 287).

Não se trata absolutamente de repudiar o *bel canto* europeu que, já o dissemos, pode perfeitamente servir como desenvolvimento técnico da voz ao canto brasileiro, que, tecnicamente, é assimilável ao europeu. Trata-se apenas de evitar a superstição do *bel canto* europeu, de desprezar aquelas de suas exigências estéticas que vêm diretamente ferir os valores e aspectos essenciais da fonética nacional. Trata-se especialmente de realizar assim um *bel canto* mais nosso, que vise o Brasil, em vez de visar a Europa, que vise cantar Villa-Lobos ou Camargo Guarnieri, em vez de Schubert ou Granados. Trata-se de preferir um canto nacional, simplesmente. Um canto mais de acordo com a pronúncia da língua que é a nossa e com os acentos e maneiras expressivas já tradicionalizadas em nosso canto popular. Trata-se, enfim, efetivamente, de preferir a uma importação desnacionalizadora, uma propriedade tradicional. Países como o Japão, raças cultas, como os israelitas e árabes, têm seu *bel canto* (arte de cantar) próprio. Por que não teremos o nosso também, pois que a isso nos leva, não a patriotice vesga, mas a simples honestidade de sermos mais nós mesmos?...

A discoteca pública do Departamento de Cultura não ousa provocar desde já uma moção neste sentido. Será porventura cedo demais para que o nosso canto erudito e sua didática, tão profundamente versados no canto europeu e dele dependentes, se aventurem num caminho de experiências pacientes e difíceis, a que só o excesso de concorrência e a aspiração do *milhor* dará pioneiros. Mas se não ousa provocar uma moção, sempre a Discoteca Pública exprime o seu voto ardente de que o canto erudito nacional se conforme com mais exatidão ao timbre, à dicção e aos acentos em que se fez a nossa música popular e a que já se afizeram com tanto lustre, os nossos compositores eruditos. Só então a canção erudita nacional encontrará seus intérpretes verdadeiros. Só então, em toda a sua magnitude, há de se realizar a beleza verdadeira.

# Evolução social da música no Brasil[1]

A ONEYDA ALVARENGA I

A música brasileira, como aliás toda a música americana, tem um drama particular que é preciso compreender, pra compreendê-la. Ela não teve essa felicidade que tiveram as mais antigas escolas musicais europeias, bem como as músicas das grandes civilizações asiáticas, de um desenvolvimento por assim dizer inconsciente, ou, pelo menos, mais livre de preocupações quanto à sua afirmação nacional e social. Assim, se por um lado apresenta manifestações evolutivas idênticas às da música dos países europeus, e por esta pode ser compreendida e explicada, em vários casos teve que forçar a sua marcha para se identificar ao movimento musical do mundo ou se dar significação mais funcional.

De início, e sempre do ponto de vista social, a música brasileira teve um desenvolvimento lógico, que chega a ser primário de tão ostensivo e fácil de perceber. Primeiro Deus, em seguida, o amor, e finalmente, a nacionalidade. Esta lógica de desenvolvimento, em vão a procuraremos assim tão firme nas outras artes, o que se explica muito bem: nas outras, pintura como poesia, escultura como prosa, e bem mais rara na arquitetura, o elemento individualista independe grandemente das condições técnicas e econômicas do meio.

Sem dúvida, a técnica, no sentido de elementos práticos, estético-materiais de realização da obra de arte (óleo, luz elétrica, mármore, bronze, imprensa, metrificação, etc.) depende muito das condições sociais do meio. Mas o artista, que é um

---

1. Capítulo do livro *Aspectos da música brasileira*, transcrito aqui com ortografia atualizada.

informado pela necessidade natural de cultivar a sua arte, pode importar estes meios práticos por iniciativa exclusivamente pessoal e torná-los seus, mesmo aparentemente contra a coletividade. Isto se dá com frequência nas civilizações de empréstimo, mais ou menos desenvolvidas artificialmente e à força, como é o caso das nossas civilizações americanas. Desde muito cedo os escritores brasileiros escreveram e imprimiram livros, sem que tivéssemos tipografias, buscando-as onde elas existiam. O parnasianismo então, com a sua técnica do verso pelo verso e cultivo do castiçamento da linguagem, foi entre nós um fenômeno típico dessa importação de iniciativa particular, nada inexplicável, é certo, mas contraditório e aberrante. E de fato: pela sistematização de ritmos franceses (o alexandrino, o verso octossilábico) e *grã-finismo* do *lusiparla* penteado em Lisboa, o parnasianismo veio perturbar violentamente a evolução da língua nacional e da nossa psicologia lírica, que os românticos estavam então criando. Estes sim, foram aqui um fenômeno tão lógico como na Europa, descendentes das revoluções burguesas da Independência. O parnasianismo foi uma excrescência explicável mas derrotista, fruto legítimo de cultura ingênua e mais ou menos falsa, provocada pelo artificialismo obrigatório das nossas civilizações importadas, americanas. E efetivamente, quando a nossa intelectualidade literária retomou consciência de si mesma e do Brasil, nenhum escritor verdadeiramente relacionado com a contemporaneidade nacional pôde ser uma expansão serena do parnasianismo; antes, retomamos os românticos e os naturalistas como guias.

Observe-se agora um dos nossos mais curiosos casos musicais. A expansão extraordinária que teve o piano dentro da burguesia do Império foi perfeitamente lógica e mesmo necessária. Instrumento completo, ao mesmo tempo solista e acompanhador do canto humano, o piano funcionou na *profanização* da nossa música, exatamente como os seus manos, os clavicímbalos, tinham funcionado na *profanização* da música europeia. Era o instrumento por excelência da música do amor socializado com casamento e bênção divina, tão necessário à família como o leito nupcial e a mesa de jantar. Mais, eis que, contradizendo a virtuosidade musical de palco, que durante o Império esteve muito principalmente confiada entre nós a cantores, flautistas e violinistas, o piano pula para o palco e vai produzir os primeiros gênios do nosso virtuosismo musical.

Ora, certamente não foi Chiaffarelli quem produziu a genialidade intrínseca de Guiomar Novaes e Antonieta Rudge. Porém, a importação natural desse grande professor para a sociedade italianizada de São Paulo, produziu a floração magnífica com que a escola de piano da Cafelândia ganhou várias maratonas na América. Mas que esta floração pianística de São Paulo era uma excrescência social, embora lógica em nossa civilização e no esplendor do café, se prova não apenas pela sua rápida decadência, como pela pouca função, pela quase nula função nacional e mesmo regional dessa *pianolatria* paulista. O próprio, e incontestavelmente glorioso em seu passado, Conservatório de São Paulo, justificado por essa *pianolatria*, inspirado por ela, dourado inicialmente pelo nome dos seus professores pianistas (Chiaffarelli, Felix de Otero, José Wancolle), mandando buscar um professor de piano na Europa (Agostinho Cantú) quando o que lhe faltava eram o canto, o violino e mais cordas, formando dezenas e dezenas de pianistas por ano, propagando abusivamente a *pianolatria* por todo o estado, o próprio Conservatório, no entanto, inconscientemente, sem que ninguém o pretendesse, e mesmo contra a sua orientação voluntariamente *pianolátrica*, teve que readaptar-se às exigências técnicas e econômicas do estado, e adquirir uma função cultural muito mais pedagógica, profunda e variada que o internacionalismo industrial da virtuosidade pianística. E por isso, o que deu de mais significativo, não foram os seus pianistas, mas produções outras. Foi uma literatura musical numerosa, com Samuel Arcanjo dos Santos, Savino de Benedictis, Caldeira Filho, Nestor Ribeiro, e especialmente os primeiros estudos de folclore musical, verdadeiramente científicos, com Oneyda Alvarenga e seus companheiros da discoteca pública, todos formados no Conservatório. Foi a fixação em São Paulo de uma grande editora internacional, movida com dinheiros italianos, que contava certo com a venda das suas edições no meio italianizante do Conservatório; e que teve como consequência a publicação, em nossa língua, de ilustres obras didáticas italianas e outras. E foi, como seu mais característico produto, e mais elevado, não um pianista entregue à virtuosidade, mas um pianista que abandonou o piano pela composição, o compositor e regente Francisco Mignone. E, o que é mais interessante: mesmo obras de musicologia escritas fora dos muros do Conservatório, visam diretamente ao estabelecimento pedagógico, como é o caso de livros importantíssimos como os de Furio Franceschini e Sá Pereira. Ainda mais: o Conservatório se tornou um núcleo importante da composição nacional, não só pelos compositores que produziu, como sendo ainda obrigado a chamar ao seu seio, se protegendo com essa força moça que lhe escapava, e protegendo-a economicamente e com a sua autoridade, um grupo numeroso de compositores brasileiros ou abrasileirados, de que basta citar apenas nomes principais como Camargo Guarnieri, Artur Pereira, e o mineiro Frutuoso Viana que pra São Paulo se transplantou.

E deste jeito, ao Conservatório de São Paulo se poderá aplicar exatamente o dito que atirou no que viu e matou o que não viu. Nascido de interesses financeiros, visando adular a *pianolatria* paulista que estava com o rei na barriga, um rei que tinha o cérebro de Chiaffarelli e os vinte dedos gloriosos de Antonieta Rudge e Guiomar Novaes; nascido de uma excrescência virtuosística sem nenhuma justificação mais funcional e profunda, que nem sequer deu à composição paulista obras pianísticas que a caracterizassem, o Conservatório de São Paulo foi forçado pelas condições sociais do meio a se tornar um centro de musicologia e de composição.

É que a música sendo a mais coletivista de todas as artes, exigindo a coletividade pra se realizar, quer com a coletividade dos intérpretes, quer com a coletividade dos ouvintes, está muito mais, e imediatamente, sujeita às condições da coletividade. A técnica individual importa menos que a coletiva. É perfeitamente compreensível o aparecimento no Brasil de um tão delicioso clássico da prosa portuguesa, no século XVII, como frei Vicente do Salvador, ou de um tão genial escultor como Antônio Francisco Lisboa no século XVIII. Já seria de todo impossível um êmulo de Palestrina ou de Bach por esses tempos coloniais. Dado mesmo que ele surgisse, a música dele não existiria absolutamente. Porque a colônia não poderia nunca executá-la. Nem tínhamos capelas corais que aguentassem com as dificuldades técnicas da polifonia florida, nem ouvintes capazes de entender tal música e se edificar com semelhantes complicações musicais. E, ou esse Palestrina dos coqueiros teria que buscar outras terras pra realizar sua arte, ou teria que *engruvinhar* sua imaginação criadora, na mesquinha confecção dos cantos-de-órgão jesuíticos ou na monótona adaptação de palavras católicas aos *bate-pés* irremediáveis da nossa *tapuiada*.

O desenvolvimento técnico da coletividade exerce uma função absolutamente predeterminante no aparecimento do indivíduo musical; e, historicamente, se aquela nos explica este, por sua vez o indivíduo musical nos fornece dados importantes para aquilatarmos daquela. Assim, as missas e motetes do padre José Maurício Nunes Garcia são uma prova irrefutável do que foi realmente a técnica musical da colônia. Nós sabemos por viajantes e autores nossos que se fazia música altamente *perfeita* nesse antigo Brasil. Mestres de solfa franceses importados por senhores de engenho; o ensino jesuítico musicalizando à europeia a escravaria de Santa Cruz; óperas europeias cantadas otimamente no Rio joanino, espantos de Neukomm e Saint-Hilaire. Às vezes, confundidos, somos levados a equiparar essa *perfeição técnica* a que atingira a nossa música de então, ao que compreendemos como *perfeição técnica* do que se fazia na Europa. Tudo é a mesma perfeição técnica. Mas a música do padre José Maurício opõe um desmentido a isso; e pela sua facilidade relativa, pela sua polifonia humilde, pelo doce divagar solístico dos seus próprios conjuntos, aliás coralizados quase sempre verticalmente, ela prova de maneira decisória que na mais hábil capela colonial, paga com os dinheiros gordos do rei, a habilidade era medíocre. Era ainda o monodismo que dominava sempre, dentro do próprio coro, apenas culminando na virtuosidade sentimental dos sopranistas de importação. O próprio conjunto orquestral era frágil, apenas relacionável ao que tinham atingido, um século antes, as orquestras de Mannheim e de Viena.

II

Em seu desenvolvimento geral a música brasileira segue, pois, obedientemente a evolução musical de qualquer outra civilização: primeiro Deus, depois o amor, depois a nacionalidade. A colônia realmente não conseguiu nunca se libertar da religiosidade musical. Duas espécies de escravos Portugal tinha que consolar aqui: o negro e o colono brasileiro. O incenso e o batuque místico imperaram com violência; e os próprios jesuítas, por certo mais libertários e propulsores máximos aqui da religião verdadeira, serviram menos ao catolicismo que à colonização, com seus processos de catequese, suas procissões, semanas santas, igrejas e musicaria. Teatro próprio de escravo. Ao passo que o teatro profano, que é a arte mais coletivista depois da música, e ainda mais capaz que esta de fornecer qualquer espécie de consciência social a uma coletividade, não pôde viver aqui senão esporádico, e muitas vezes em manifestações *insultantemente* aristocratizadoras como aquela absurda realização cuiabana da ópera de Porpora, "Ezio in Roma", em 1790. E o nosso maior dramaturgo, o Judeu, nascido no Brasil, não poderia viver aqui. Só pôde se expandir em Portugal, pra morrer... Aqui, teria nascido morto. A colônia se conservava colônia de um país sem milícia, especialmente à custa de incenso e batuque místico. O resultado brasileiro desse *panem et circenses*, de pouco pão e muito circo, foi uma igreja para cada dia do ano, na cidade do Salvador; o Aleijadinho, pra resguardar o incenso das ventanias alterosas, e o padre Maurício pra sonorizar as naves consoladoras deste mundo *purgatorial*. Primeiro a técnica religiosa: órgão, coros e castrados em fermata. E, já fruto da terra, um primeiro grande músico religioso, o padre José Maurício.

Mas a música dos primeiros jesuítas foi necessária e social, enquanto a religião é coisa necessária e social. A crença em Deus, a esperança na *Divindade*, tanto do ponto de vista espiritualista como etnográfico, não é uma superstição inicialmente imposta pelas camadas dominantes da sociedade, não. Parte de baixo para cima; e as massas populares dos clãs são crentes por si mesmas, crentes por natureza, por aquele necessário espírito místico próprio das mentalidades incipientes. Espírito que é místico mesmo quando, a crer em viajantes e etnógrafos, não possuo em certas tribos noção nítida e conceitual do que seja a *Divindade*. Mas sempre venera, se não os *Daimônios*, pelo menos os *Antepassados*. E essa crença comum no *Ancestre*, ou num *Daimônio*, ou em qualquer outra forma com que a mentalidade primitiva imagine as forças sobrenaturais, essa crença comum, se torna uma *religião*, no sentido social de *religare*, porque funciona como elemento de fusão defensiva e protetora da coletividade. E a música, ou melhor, o canto é o elemento mais litúrgico, mais imprescindível, pode-se mesmo dizer que *sine qua non* da entrada em contato místico com o deus desmaterializado. Porque o canto é ainda um fluido vital, que pela boca se escapa daquela parte imaterial de nós mesmos que reside em nosso corpo. É justamente o elemento mais propício, por ser idêntico, a nos comunicar com o fluido imaterial dos *Ancestres* e dos espíritos, fluido este já liberto dos corpos e que anda nos ares banzando, mora onde quer ou plana serenamente na Terra sem Mal, de além dos Andes.

Não estou dizendo, é claro, que a mentalidade dos aventureiros portugueses e dos padres era essa, primária, dos chamados selvagens. Porém muitas circunstâncias a *primarizavam*, a envelheciam ou infantilizavam, se quiserem: a carência de técnica, o contato com o indígena, o distanciamento das forças civilizadas propícias ao ateísmo, e essa enorme doença sem remédio que é a presença da morte. E por isso a música, ou mais exatamente o canto místico dos jesuítas, funcionava também como elemento de religião, isto é, de religação, de força ligadora, unanimizadora, defensiva e protetora dos diversos indivíduos sociais que se ajuntavam sem lei nem rei no ambiente imediatamente pós-cabralino: chefes nobres profanos, aventureiros voluntários, criminosos deportados, padres e selvagens escravos. O principal embate se dava naturalmente entre as ambições do colono e a instintiva liberdade do índio, e era de todo minuto a ameaça de soçobro total da colonização. A música mística dos jesuítas veio então agir bem necessariamente e no mais lógico sentido social, como elemento de religião, de catequização do índio o concomitantemente de geral arregimentação. Encantava magicamente e submetia as forças contrárias, isto é, os índios; confortava quase terapeuticamente os empestados do exílio americano, isto é, os colonos e a todos fundia, confundia e harmonizava num grupo que as necessidades, ou melhor, a total carência de técnica e riqueza, tornava uma verdadeira comunidade sem classes, composta de indivíduos socialmente aplanados entre si.

Porque nesses primeiros tempos, os próprios chefes nobres eram, por efeitos da aventura, indivíduos de importância social quase que apenas diferençável da dos outros colonos. Eram apenas reconhecidos como os mais hábeis, os de qualquer forma mais aptos — uma quase que apenas distinção espiritual de autoridade, perfeitamente equiparável à distinção física do mais forte, e por isso aceito tacitamente como chefe, nos clãs dos primitivos. Os representantes do rei português que vinham à testa das primeiras explorações, eram chefes da mesma forma que os tuxauas e morubixabas ameríndios, comendo, dormindo como os outros e com os outros, trabalhando muitas vezes como os outros e com todos, pelejando na defesa comum, apenas lhes surgindo a função de autoridade nos momentos de religião (*religare*...) do grupo, nas cerimônias, nas guerras, nas investidas terra adentro, nas dissensões entre colonos.

E por tudo isso, a música religiosa dos jesuítas, popularmente humilde, era litúrgica na extensão mais primitiva e social que possa ter o conceito de liturgia. Era uma coisa imprescindível, *sine qua non*. E era mesmo mais litúrgica do ponto de vista social que do ponto de vista propriamente católico, pois que no catolicismo da época, já então a música não fazia mais parte imprescindível do ofício divino, e toda a porção deste cantada pelo coro e pelos fiéis, era repetida pelo padre e seus acólitos junto do altar.

Mas se a música religiosa não fazia mais parte necessária da liturgia católica, ela foi socialmente, nesses primeiros tempos, um elemento litúrgico de socialização dos primeiros agrupamentos. E tanto assim, que se tornou desde logo perfeitamente representativa daquela comunidade sem classes. Tornou-se universal (à europeia...) pelo emprego do canto católico dos portugueses, com os primeiros cantos-de-órgão e o gregoriano. Mas era ao mesmo tempo nacional e brasílica pela absorção das realidades da terra e dos naturais que a possuíam, utilizando cantos e palavras ameríndias, danças ameríndias, generalizado o cateretê,[2] e até processos ameríndios de ritual místico, pois padres houve que chegaram a pregar, imitando a gesticulação e os acentos vocais litúrgicos dos piagas. Essa música foi, pois, ao mais não poder, uma força que subiu de baixo para cima, e viveu das próprias necessidades sociais da colônia primitiva.

---

2. É curiosíssimo notar que até hoje, em certas festividades coreográfico-religiosas conservadas tradicionalmente pelas populações rurais paulistas, a Dança de Santa Cruz, a Dança de São Gonçalo, as partes mais especialmente religiosas da cerimônia são continuadas por uma dança de roda geral, a que chamam cururu. Ora, se trata de uma dança impressionantemente assimilável em seus passos e ademanes a certas coreografias ameríndio-brasileiras ainda atuais, reveladas pela cinematografia. Parece, pelo que sei, que a Dança de Santa Cruz vive exclusivamente, ou quase, nos vilarejos muito atrasados que jazem nas partes não progredidas dos arredores da cidade de São Paulo. Alguns destes povoados (como Carapicuíba, onde mais viva se conserva a Dança de Santa Cruz) vêm das primeiras povoações defensivas e de penetração, fundadas pelos jesuítas em torno de Piratininga. No cururu religioso dessas danças tradicionais, julgo ver uma tradição *jesuítico-ameríndia* permanecida por quatro séculos.

E só em seguida, com a fixação de certos centros, Bahia, Pernambuco, e maior estabilidade deles com a organização guerreira das vilas, seus fortins e igrejas, fortificados já com ideia de permanência; com a objetivação, ritual e suntuária, enfim, do princípio de autoridade dos chefes, donatários, provinciais, vivendo em seus bisonhos palácios: só então é que a música, embora religiosa sempre, vai passando aos poucos de necessária a desnecessária, não vem mais de baixo pra cima, e se torna um elemento de enfeite nas festas de religião.

Agora, e desde certos centros mais firmados da segunda metade do primeiro século (Bahia, Olinda), a música vai se tornando um instrumento de outra forma utilitário e utilizável. Morre o Deus verdadeiro da primitiva coletividade e não tem propriamente ressurreição. Eis que de súbito, quando mais garantido de sua estabilidade, bateu festeiro o sino da Ressurreição na igreja forte, percebeu-se que o Deus de baixo, o Deus popular que dava as colheitas, protegia nas guerras e igualava misticamente o agrupamento fora substituído por outro, igualzinho ao primeiro na aparência, mas com outros princípios: um Deus singularmente escravocrata, que repudiava a escravização dos índios mas consentia na do negro, um Deus gostoso, triunfal, cheio de enfeites barrocos e francamente favorável ao regime latifundiário. Foi este o deus que continuou na mesma função de goma-arábica e cola-tudo da coletividade. Coletividade, aliás, que não mora mais numa vasta e igualadora casa térrea, mas noutra... de vários andares.

Agora esta música religiosa não é mais víscera, é epiderme. Não é mais baixa, é elevada. Não é mais popular, mas erudita e nobre. Não é mais feia como a vida, mas pretende ser bela como a arte. É sim ainda europeia por ser católica, mas não é mais concomitantemente nacional. Não se utiliza de cateretês, porém apenas de umas solfas importadas, e de última moda rococó, em que vêm uns sons, uns instrumentos, uns ritmos, umas melodias, uns textos exclusivamente europeus, no mais dominador e insensível esquecimento da terra e do primeiro brasileiro que já nasceu.

E desde então não há mais música propriamente na colônia. Quero dizer: um elemento que apesar de imediatamente desnecessário e estético, sempre exerce uma função religadora, correspondente à coletividade em que está se realizando. O que existe, a música que se faz aqui, religiosa ou não, assume todos os aspectos detestáveis da virtuosidade. É uma *enfeitação* totalmente desrelacionada com o progresso espiritual da coletividade. Útil apenas para alguns. Ritual perturbador que acompanha os chefes e lhes garante de mês em mês, diante do olho multitudinário, o milagre da transfiguração.

Não estou criticando e muito menos condenando, seria inútil, essa finalidade de puro virtuosismo autocrático e popularmente desfibrante, que tomou a música da colônia e em que ela vai perseverar até o Império. Era uma fatalidade. Era uma fatalidade tanto da evolução humana como da evolução social do país.

III

Eis que se faz a Independência, politicamente lógica, mas socialmente apenas numa aspiração. Fixara-se um império, importando-se imperadores e todo um sistema de distribuição de nobreza que eram pura superfetação, quase nada se baseando naquela aristocracia de tradição regional, força e riqueza que se forma naturalmente em qualquer país sob qualquer regime. E esta aristocracia nós também tínhamos aqui. A falsa independência e a nova nobreza vieram, no entanto, contribuir *decisoriamente*, burguesas por excelência como eram, para o predomínio da *prolanidade* e da música amorosa.

Sim, com o Império, o batuque místico já não bastava mais para acalmar o nativo consciente de sua terra e de sua independência, e com os interesses voltados para a posse do seu purgatório. Deu-se a nossa *Ars Nova*. A música profana começou a predominar em duas manifestações especificamente características de sensualidade sexual: a modinha de salão, queixa de amores, e o melodrama, válvula de escapamento das paixões. A modinha já era manifestação intrínseca da coisa nacional, pouco importando a sua falta de caráter étnico e as influências que a faziam. Ela caracteriza perfeitamente, até mesmo nisso, a aristocracia à força, realmente burguesa pelo seu conceito e costumes, da classe predominante no Império. Porém, manifestação de lar, semiculta, nem popular nem erudita, a modinha de salão jamais não terá funcionalidade decisória em nossa música. Só quando se tornar popular, conseguirá prover de alguns elementos originais a melódica nacional. Mas assim mesmo, eivada sempre de urbanismo lavado e incompetente, com fado e o tango, o seu jardim se abrirá sempre perigosamente enganador, menos propício à vernaculidade do canto que à vulgaridade alvissareira.

É realmente no melodrama que está concentrada a manifestação musical erudita do Império. O país que se dava o luxo de distrair verbas graves para sustento e herança duma casa imperial, se dava também o luxo de sustentar a mais rica e brilhante estação de ópera da América de então. E foi a segunda fase histórica da nossa música, e resultado da sua evolução técnica. O corista-solista da polifonia religiosa colonial, dominando no *superius* do quarteto, e culminando no sopranista importado, cantador de árias de ópera até durante a realização do ofício divino, teve como consequência natural o cantor de teatro. Mas como o Brasil não parece propício à criação de vozes belas, e não tinha escolas, não havendo cantor, importou-se. Foram os José Amat que domiciliaram-se aqui e outros que aqui vinham e ficavam por anos, como a De La Grange. Fixaram-se entre nós as orquestras de teatro, tanto que as próprias representações em prosa frequentemente acabavam com a execução de bailados, pondo em moda no Império as danças importadas, a polca, a mazurca, a valsa, logo passadas aos salões familiares. E fixaram-se também os elencos melodramáticos. A ópera, de que o principal era importado, cantor como peças e instrumentistas, sincronizava sorrindo com a figura preguiçosamente ditatorial do imperador, e com a fórmula política do Império, espúria e solitária em nossa América. O nosso teatro melodramático, que, como teatro, podia se tornar eficiente, e, a manifestação mais pragmatista de arte que há, não passava de excrescência imperial e ricaça. Não tinha base nenhuma em nosso teatro cantado popular, então no seu período mais brilhante com os reisados, os pastoris, os congos, as cheganças. Antes, era importado e solitário como o próprio imperador.

É então que surge a maior figura musical que o Brasil produziu até agora, e que com o seu fecundo gênio vinha dar bases mais sólidas a todo esse castelo fundado na corrediça areia do litoral, Francisco Manuel da Silva. É este o grande nome que a música brasileira apresenta em suas vicissitudes sociais. Dotado de uma visão prática genial que o levava a agir contra quaisquer impedimentos, este é o criador que funda a nossa técnica musical definitivamente. Viola o domínio da epidêmica iniciativa particular em que todo o nosso ensino musical se dispersara até então, concentrando nas mãos permanentes do governo a educação técnica do músico brasileiro. É o Conservatório. E ainda define o paroxismo melodramático da monarquia, criando a Academia Imperial de Ópera. E a fortuna lhe foi tão fiel, que coroou toda essa fecundidade, tornando-o sem querer o autor do Hino Nacional brasileiro. Francisco Manuel da Silva exerce em nossa música a finalidade que Guido D'Arezzo teve na teoria e prática da monodia europeia. É um coordenador, um sistematizador, um tecnicizador genialíssimo. Da mesma forma com que Guido D'Arezzo fixa a teoria, facilitando a prática musical, Francisco Manuel fixa a teoria, fixa a escola, e facilita e nacionaliza a ópera imperial, lhe dando organização permanente e sem aventuras.

E o resultado de tudo isso foi Carlos Gomes. É quase impossível a gente imaginar a produção do campineiro sem a intervenção da existência de Francisco Manuel. O melodrama imperial o justificaria só por si?... Creio que não. Em todo caso, é a menos provável das hipóteses que Carlos Gomes fosse o que foi sem

Francisco Manuel da Silva. Porque são os benefícios, técnica escolástica e procura de nacionalização, que este concretizou em suas duas grandes empresas, que Carlos Gomes vai representar. E na luta para a conquista de si mesmo, os dois momentos decisórios da fixação musical de Carlos Gomes são a fuga pro Rio e consequente entrada no Conservatório fundado por Francisco Manuel; e a sua dedicação definitiva ao melodrama, com os êxitos de "A noite no castelo" e "Joana de Flandres", executadas na Academia Imperial de Ópera. Também fundada por Francisco Manuel. Do imperador e da sua ópera, o que Carlos Gomes tirou foi o canto em italiano, o italianismo musical, a importação, o desrelacionamento funcional. Estas são as razões que me levam hoje a dizer em letra de forma o que alguns anos atrás já disse em confidencia a um amigo: quanto mais eu estudo Carlos Gomes, mais admiro Francisco Manuel.

Como arte, Carlos Gomes é a síntese profana de toda a primeira fase estética da nossa música, a fase a que chamarei de *internacionalismo musical*. O que caracteriza essa fase? Se dissermos que a evolução social da música brasileira se processou por estados de consciência sucessivos, esse primeiro estado de consciência foi de internacionalismo. Importava-se, aceitava-se, apreciava-se, não música europeia, pois que não existe propriamente música europeia, mas as diferentes músicas europeias. O colono ainda tinha a justificação de sublinhar com isso o estado de subalternidade em que queria conservar a possessão deste Atlântico, e era sempre a troca de quinquilharia, fitas e contas coloridas da indústria europeia que ele trocava aqui pelo pau-brasil, o açúcar, o ouro. E era com essas fitas e continhas que os nossos compositores se enfeitavam, para bancar de ótimos técnicos e aspirar à celebridade.

Porque a isto nos conduz o estado-de-consciência internacionalista. Sei bem que, mais enceguecidos ainda, muitos compositores tardios, ecos preguiçosos desses tempos mais cômodos, escamotearam agora a palavra *internacionalista*, a substituíram por outra, e vê nos falar cantando de música, *universalista*, de *música universal*.³ Isto é um verdadeiro primor de ignorância sociológica, pois nem sequer o proletariado urbano, universalista por fatalidade econômica e técnica, já produziu música popular que de qualquer modo se possa dizer universal. E um verdadeiro universalismo étnico é sonho para um futuro por demais remoto, pra que possamos argumentar com ele por enquanto. Sonho, aliás, que nenhuma experiência da história humana pode confirmar. A tal de *música universal* é um esperanto hipotético, que não existe. Mas existe, não posso negar, a música internacionalista, a *grã-finagem* tediosa e fatigada dos *transatlantiques* da comédia célebre.

E quais os efeitos certos e provados desse internacionalismo que ainda não pode ser universalismo nem talvez o seja nunca? É que quando o compositor se deixa assim levar por uma inspiração livre de sua nacionalidade, cai noutra nacionalidade que não é a sua. Quero dizer: imagina estar fazendo música universal, e na verdade está sob o signo Debussy-Ravel, e então é afrancesado; ou está sob o signo Puccini-Zandonai, e então é um italianizado; ou sob o signo Wagner-Strauss, e até parece ariano. Na melhor das hipóteses, cai num atonalismo de sistema, e então, menos que austríaco é um copista de Schoenberg; quando não se deslumbra com excessos de percussão, ritmos obsedantes, linhas em polifonia pluritonal, e temos mais um *estravisquiano*. E também é preciso não esquecer os miríficos *sem caráter*, raros é verdade, mas insolentes em sua habilíssima ostentação. Me re-

---

3. Parece que me contradigo, negando aqui a existência de música *universal*, depois do ter classificado assim a música religiosa da colônia. Não há contradição. Naquele passo eu encarava a música do ponto de vista social. Verifiquei, portanto, aliás com um reticencioso *à europeia*, que a música, enquanto religião, enquanto elemento dinâmico e interessado de congraçamento e reconhecimento dos *socii*, se nos universalizava, necessária e preliminarmente aceita. Não era contemplação, era ação. Neste sentido, a música das religiões universalizadas é tão universal como a locomotiva e o futebol. Mas agora estou tratando, tecnicamente e não mais socialmente, dos elementos constitutivos da música, enquanto criação estética, enquanto produtora de obras de arte. Neste sentido é que nego a existência de uma música *universal*.

firo aos Mendelssohn, aos Meyerbeer, aos Tchaikovsky e outras acomodatícias colchas de retalhos, espécie de forno crematório do cisco de muitas raças. Não há música internacional e muito menos música universal; o que existe são gênios que se universalizam por demasiado fundamentais, Palestrina, Bach, Beethoven, ou mulheres que se internacionalizam por demasiado fáceis, a "Traviata", a "Carmen", "Butterfly". Porém, mesmo dentro desta internacionalidade ou daquela universalidade, tais músicos e tais mulheres não deixam nunca de ser funcionalmente nacionais.

Não quereria para mim o drama desses compositores profanos da fase internacionalista. Esforços graves eles fizeram, e o que é pior, nada compensadores, para adquirir uma realidade social mais legítima e brasileira. Refletiram nesse esforço, ingenuamente atrasados, o romantismo indianista, e rios deram "O guarani", "O escravo", "Moema e outros sonhos e quimeras". Em todo caso, Carlos Gomes, com suas duas óperas brasílicas, assumiu uma finalidade social-nacional respeitável, fazendo-se o eco, embora romanticamente indianista, do movimento pela abolição. E que esse eco era consciente, o prova a dedicatória do Escravo.

IV

Ao nascer da República, a nossa música erudita estava nessa situação, era internacionalista em suas formas cultas e inspiração, e ainda muito longínqua da pátria, apesar dos esforços de Francisco Manuel e Carlos Gomes. A República vinha dar muito maior sentido americano e democrático ao Brasil. Já não éramos mais uma excrescência monárquica e aristocrática dentro das terras americanas. Era portanto de se prever que isso tivesse uma repercussão profunda no desenvolvimento social da nossa música e na sua orientação estética. Mas não foi exatamente assim.

A criação genial de Francisco Manuel tinha necessariamente que produzir frutos azedos antes de frutos doces, à feição de certas árvores, que nas primeiras frutificações são apenas promessas de generoso futuro. E com efeito, é do Instituto Nacional de Música que nascem, derivam ou nele se agrupam os numerosos compositores nacionais da República recém-nascida. A composição principia se tornando uma forma constante da nossa manifestação erudita, além da virtuosidade; mas essa composição ainda é sistematicamente internacionalista. Assim, o Instituto de Francisco Manuel viera desenvolver e proteger a produção, fizera dar enorme passo à técnica de compor, mas ainda não conseguira libertar essa produção e essa técnica da tutela geral da Europa internacionalista. Os compositores que caracterizam esse primeiro período da República são assim tipicamente internacionalistas. O grande Henrique Osvald, Leopoldo Miguez, Glauco Velasquez, Gomes de Araújo, Francisco Braga, Barroso Neto (estes dois em sua primeira maneira) e outros bons representantes dessa fase inicial republicana, é justo verificar que já apresentavam uma técnica suficientemente forte para que a nossa música alimentasse umas primeiras aspirações de caminhar por si. A isto nos levara em principal aquele Conservatório criado por Francisco Manuel. E não era tudo. Se as guerras do Sul tinham contribuído para acendrar no peito brasileiro a convicção mais íntima de uma pátria completa e unida, por outro lado um simulacro de independência econômica e relativa fartura, com o surto do café, tornara propícias as afirmações da personalidade nacional. E, pois, pondo de parte o frágil nacionalismo meramente titular e textual das duas óperas indianistas de Carlos Gomes, não parece apenas ocasional que justamente na terra da promissão paulista, recém-descoberta, surgisse o primeiro nacionalista musical, Alexandre Levy. Nem parece ocasional que imediatamente em seguida, Alberto Nepomuceno desça do seu Nordeste, maior mina conservadora das nossas tradições populares, para se localizar no Rio, cidade que, emprestada para capital do país, principiava se divertindo mais largamente com as primeiras mesadas satisfatórias que lhe chegavam da terra da promissão. E realmente são estes dois homens, Alexandre Levy e Alberto Nepomuceno, as primeiras conformações eruditas do novo estado-de-consciência coletivo que se formava na evolução social da nossa música, o nacionalista.

Isto, aliás, era ainda forçado com a definitiva e impressionante fixação da nossa música mais intransigentemente nacional, a música popular. Com efeito, durante a colônia, a bem dizer não tivéramos música popular que se pudesse chamar brasileira. Esta expressão voluntariosa de nacionalidade não interessava à colônia, e seria mesmo prejudicial à subalternidade a que a terra e seu povo tinham que se sujeitar. A escassa documentação existente tende a provar que os negros faziam a sua música negra lá deles, os portugueses a sua música portuga, os índios a sua música ameríndia. É só no fim do século XVIII, já nas vésperas da Independência, que um povo nacional vai se delineando musicalmente, e certas formas e constâncias brasileiras principiam se tradicionalizando na comunidade, com o lundu, a modinha, a sincopação. Logo em seguida, e com bem maior exigência popular então, se fixam as nossas grandes danças dramáticas, os reisados, as duas cheganças, os congos e congados, os cabocolinhos e caiapós, e o bumba meu boi, alguns destes provavelmente compendiados rapsodicamente e *arranjados* no texto e na música por *poetinhos* e *musiquetes* urbanos bem anônimos. O bumba meu boi, sobretudo, já era bem caracteristicamente e livremente nacional, pouco lembrando as suas origens remotas d'além-mar e celebrando o animal que se tornara o substitutivo histórico do bandeirante, e maior instrumento desbravador, socializador e unificador da nossa pátria, o boi. Nos últimos dias do Império finalmente e primeiros da República, com a modinha já então passada do piano dos salões para o violão das esquinas, com o maxixe, com o samba, com a formação e fixação dos conjuntos seresteiros dos choros e a evolução da toada e das danças rurais, a música popular cresce e se define com uma rapidez incrível, tornando-se violentamente a criação mais forte e a caracterização mais bela da nossa raça.

Pois era na própria lição europeia da fase internacionalista que Alexandre Levy e Alberto Nepomuceno iam colher o processo de como nacionalizar rápida e conscientemente, por meio da música popular, a música erudita de uma nacionalidade. Já então o Grupo dos Cinco na Rússia, criando sistematicamente sobre as manifestações musicais populares do seu espantoso país, tinha conseguido nacionalizar e tornar independente a música russa. A música espanhola, por seu lado, já criara e definira nacionalmente a zarzuela, mas sempre é certo que Albéniz e Granados ainda eram apenas contemporâneos dos nossos dois compositores. Mas, em compensação, o exemplo da Alemanha pesava enormemente ao lado do russo; e já então, além da nacionalização definitiva do *lied* com Schubert e Schumann, a música sistematicamente tradicionalista e mesmo voluntariamente nacionalista de Brahms e especialmente de Wagner, estava quase agressivamente, quase *hitleristamente* firmando a consciência musical germânica, sempre tendo por base o *lied* nacional. Esta nacionalização por meio da temática popular foi o que tentaram Alexandre Levy e Alberto Nepomuceno. E neste sentido, embora ainda deficientemente, eles não são apenas profetizadores da nossa brilhante e inquieta atualidade, mas a ela se incorporam, formando o tronco tradicional da árvore genealógica da nacionalidade musical brasileira.

Mas se, como falei, a Primeira República não conseguiu abrir uma fase nova em nossa música, seria uma falsificação louvaminheira, de que sou incapaz, atribuir à Segunda República os méritos dessa importante evolução. Não. Foi a Grande Guerra, exacerbando a sanha nacional das nações imperialistas, de que somos tributários, que contribuiu *decisoriamente* para que esse nosso novo estado de consciência musical nacionalista se afirmasse, não mais como experiência individual, como fora ainda com Alexandre Levy e Alberto Nepomuceno, mas como tendência coletiva. Poucos anos depois de finda a guerra, e não sem ter antes vivido a experiência bruta da Semana de Arte Moderna, de São Paulo, Villa-Lobos abandonava consciente e sistematicamente o seu internacionalismo afrancesado, para se tornar o iniciador e figura máxima da Fase Nacionalista em que estamos. Logo formaram a seu lado seus companheiros de geração, o malogrado Luciano Gallet e Lourenço Fernandez. Se entrosaram simpaticamente no movimento novo, em especial dois compositores do primeiro período republicano, Francisco Braga e Barroso Neto. E em seguida vieram os novos com abundância, Francisco Mignone, Camargo Guarnieri, Frutuoso Viana, Radamés Gnatalli, que são os que escolho, como até agora, mais realizados pra citar. Mas é toda uma falange numerosa, irregular como valor, *irregularíssima* como técnica, bastante palpiteira na construção das suas obras, sendo raro aquele que realmente procura se aprofundar mais honestamente no conhecimento do seu *métier*.

De todas as fases por que tem passado a música brasileira em sua evolução, a mais empolgante é sem dúvida esta contemporânea. Todas as outras foram mais ou menos inconscientes, movidas pelas forças desumanas e fatais da vida, ao passo que a atual, embora também necessária por ser um degrau evolutivo de cultura, tem a sua necessidade dirigida e torcida pela vontade, pelo raciocínio e pelas decisões humanas. Ela vem por isso acrescida de um interesse mais dramático, derivado da luta do homem contra as suas próprias tradições eruditas, hábitos adquiridos, e dos esforços angustiosos que faz para não se afogar nas condições econômico-sociais do país, sempre na esperança generosa de conformar a sua inspiração e as manifestações cultas da nacionalidade numa criação mais funcionalmente racional. Este é o sentido profundo, a realidade grave do nacionalismo musical em que ainda se debate a nossa música erudita dos dias atuais.

É certo que esta fase nacionalista não será a última da evolução social da nossa música. Nós ainda estamos percorrendo um período voluntarioso, conscientemente pesquisador. Mais pesquisador que criador. O compositor brasileiro da atualidade[4] é um sacrificado, e isso ainda aumenta o valor dramático empolgante do período que atravessamos. O compositor, diante da obra a construir, ainda não é um ser livre, ainda não é um ser *estético*, esquecido em consciência de seus deveres e obrigações. Ele tem uma tarefa a realizar, um destino prefixado a cumprir, e se serve obrigadamente e não já livre e espontaneamente de elementos que o levem ao cumprimento do seu desígnio pragmático. Não. Se me parece incontestável que a música brasileira atravessa uma adolescência brilhantíssima, uma das mais belas, se não a mais bela da América; se é lícito verificar que há um compositor brasileiro que se coloca atualmente entre as figuras mais importantes da música universal contemporânea; se nos conforta socialmente a consciência sadia, a virilidade de pensamento que leva os principais compositores nossos a esta luta fecunda mas sacrificial pela nacionalização da nossa música, não é menos certo que a música brasileira não pode indefinidamente se conservar no período de pragmatismo em que está. Se de primeiro foi universal, dissolvida em religião; se foi internacionalista um tempo com a descoberta da profanidade, o desenvolvimento da técnica e a riqueza agrícola; se está agora na fase nacionalista pela aquisição de uma consciência de si mesma: ela terá que se elevar ainda um dia à fase que chamarei de *cultural*, livremente estética, e sempre se entendendo que não pode haver cultura que não reflita as realidades profundas da terra em que se realiza. E então a nossa música será não mais nacionalista, mas simplesmente nacional, no sentido em que são nacionais um gigante como Monteverdi e um molusco como Leoncavallo.

Por enquanto nos falta é o gigante. Na verdade, a situação do compositor brasileiro contemporâneo é muito difícil. De

---

4. Está claro que me refiro exclusivamente aos que pesquisam sobre a coisa nacional. Os outros, não se consegue descobrir um que possa deixar ao menos um *cromossomozinho* de talento para os filhos.

maneira geral, e com a ressalva apenas de uns três ou quatro, falta-lhe técnica, e o estado econômico do país é que mais condiciona esta falha.

Não há dúvida que vários dos nossos músicos são profundamente desonestos nisso de, aproveitando a brumosa anarquia cultural em que vivemos, se improvisarem compositores, cientes de que na escureza da noite todos os gatos são pardos. Alguns desses compositores chegam a conhecer muito por alto apenas certos elementos primários da composição, que eles poderiam aprender por si sós, mesmo à revelia da escola e contra as barreiras da pobreza. Incapazes do tratamento de um tema e convencidos que a polifonia consiste em atrelar a uma melodia uma outra linha sonora sem a menor significação musical. E mesmo em obras menores, um minuto a dois de piano, percebe-se com facilidade que vivem exclusivamente do cantar dos *uccellini* apenas ajuntando à cantiga umas harmonias *cavadas no piano*, como se diz em gíria profissional, umas brumas sonoras meio estranhas e grã-finas, achadas por acaso com o muito mexer dos dez dedos nas teclas. Descoberta a bruma, pulverizam com ela o trechinho, do princípio ao fim, pois numa coisa estes Cabrais do acaso são cueras: no uso e abuso do pedal harmônico e do *basso ostinato*, tábua de salvamento para todas as angústias da música vertical.

Em todo caso, pelas exigências mesmas da especialização, nem de longe o caso dos nossos músicos se assemelha ao da nossa literatura, em que as gerações mais novas parecem destinadas a provar que se pode ser escritor sem saber escrever. O movimento modernista, eminentemente crítico por natureza, parecia implicar uma grande evolução ulterior de cultura, mas tal não se deu. Os novos não aguentaram o tranco. E o despoliciamento intelectual do país, de editores, jornais e revistas especialmente, a camaradagem da crítica tão madrinha como comodista, permitiu esse estado assombroso de coisas, cujo menor defeito ainda é a superstição nacional do talento. E hoje alguns dos nossos ficcionistas mais celebrados, gozam a volúpia do seu enorme talento, embora sejam, com alguma lisonja, pouco menos que analfabetos.

A situação da música é bastante melhor, por felicidade. Afinal das contas, pode-se escrever uma novela sem saber o que é um silogismo ou que Tiradentes... não está enterrado em Vila Rica. Mas a composição de um trio ou mesmo de qualquer obra solista que dure cinco minutos implica tais problemas técnicos, que em geral o compositor se recolhe ao minuto escasso e não muito envergonhador da peça característica. Só mesmo os cabotinos deslavados se atiram a áfricas daquelas. E a música, talvez por não se utilizar em sua mensagem das circunvoluções e labirintos da consciência que tudo perdoa, ainda conserva o pudor dos irracionais. São raros nela os cabotinos deslavados.

Mas a falta geral de técnica do compositor brasileiro é principalmente determinada pela nossa situação econômica. A hegemonia financeira de Buenos Aires na América do Sul foi útil um tempo, nos libertando da excessiva concorrência do músico internacional importado e permitindo com isso maior estabilidade na situação econômica do virtuose nacional. É possível que o brasileiro seja musicalmente mais bem-dotado que o argentino ou o uruguaio. Porém, não é contando com vaidadezinhas improváveis que se organiza a força e produção de um povo, e todos nós estamos cansados de saber que uma Teresa Carreño aparece em qualquer parte insólita. A possível superioridade em número, valor e mesmo expressões geniais do virtuose brasileiro, em principal do pianista, alguns destes conseguindo com normalidade se internacionalizar, me parece especialmente derivada das nossas condições nacionais. O campo era mais vasto, mais numerosas as cidades favorecidas por dinheiros públicos e exigentes de festa, em sua prosápia de capitais de Estados. Além disso, nas duas cidades grandes brasileiras, Rio, São Paulo, a concorrência do virtuose internacional principiava rareando, portado ele aqui só de passagem muitas vezes, no seu transporte para Buenos Aires.

Mas em seguida, com a queda do café e a depreciação mesmo

interna do dinheiro nacional, a situação da nossa música se tornou intolerável. Isso justamente em pleno surto da fase nacionalista, quando mais o compositor brasileiro precisava de circunstâncias favoráveis de concorrência e exemplo estranho, e meios de se produzir e se pagar, que lhe aprofundassem a técnica. E os próprios atos do governo, pouco enérgicos e pouco clarividentes, não conseguem de forma alguma melhorar as nossas condições técnicas. Antes de 1929, São Paulo, quase rico, chegou a manter três orquestras e dois quartetos. Um golpe clarividente do governo uruguaio conseguiu em pouco tempo montar uma orquestra que já se pode chamar de primeira ordem, por meio de taxação, se não me engano, dos rádios. E o Uruguai chamava para a sua capital o melhor regente estrangeiro que já se domiciliou no Brasil, Lamberto Baldi, o único que de fato conseguiu se interessar pela composição brasileira. E com isso, outros instrumentistas brasileiros de São Paulo eram chamados a Montevidéu indiscutivelmente, pois que mais bem pagos, em dinheiro mais forte, lhes permitindo elevar o seu nível de vida. O sinfonismo entrou em São Paulo em morno abatimento. A música dos conjuntos de câmara por algum tempo desapareceu.

No Rio de Janeiro a situação, se não é pior, em nada se avantaja à de São Paulo, como possibilidades de enriquecimento técnico do compositor. A reforma do Instituto Nacional de Música, em 1931, a bem dizer, foi uma aspiração de araras. (Eu estava entre essas araras assanhadas). Era uma criação quase lunática em sua energia e em sua severidade, na elevação imediata de nível de cultura que exigia dos candidatos à música. E principalmente aberrava de todas as nossas péssimas tradições musicais e das nossas condições no momento (momento que ainda perdura...) em seu ideal socializador de fazer do músico brasileiro uma normalidade culta, uma classe fortemente dotada de sua técnica — desatendendo por completo a essa superstição do talento individual, que é a nossa única mística de país sem cultura. A reforma ignorava os gênios, num país em que somos todos gênios. O resultado, se não foi desastroso, foi nulo. E a atual Escola Nacional de Música está quase nas mesmas condições de insuficiência para o preparo técnico do músico brasileiro em que estava antes de 1931.

É que a reforma implicava não apenas a modificação do estádio de cultura geral dos alunos, mas sobretudo subentendia uma transformação radical do corpo docente. Isso não se teve a energia de fazer. Com algumas poucas exceções, o corpo docente da Escola Nacional de Música é um viveiro de espectros velhos ou prematuramente envelhecidos dormindo no ramerrão, só saindo da sua lenga-lenga para os bailados das briguinhas internas. Talvez não haja no mundo outra escola inutilizada por tanta politiquice e tanta pretensão pessoal.

A bem dizer, todas as reformas são boas ou não inúteis, o que primordialmente se exige é que os professores sejam bons. E carece ter a coragem de reconhecer que com auriverdes patriotadas não se conserta coisíssima nenhuma. Há que chamar professores estrangeiros; há que radicá-los à terra por meio de contratos severos, mas generosos. Há que trazer para a docência musical do país homens tradicionalizados em civilizações mais experimentadas, onde ao menos já esteja estabelecida essa verdade primeira que para praticar honestamente um ofício é preciso aprendê-lo bem. Mas diante da ineficácia da reforma de 1931, clama-se por nova reforma! É pretender tapar um rombo abrindo outro rombo adiante.

Mas a técnica deficitária do compositor brasileiro não deriva exclusivamente disso. Talvez nem mesmo especialmente disso, pois o que a escola pode dar, em último caso o artista pode em grandíssima parte suprir com a leitura, o trabalho individual, o conselho dos bons. O desastre maior é a impossibilidade em que está o compositor brasileiro de experimentar a si próprio. Além de ouvir muito pouco a música alheia, a si mesmo é que o compositor quase nunca se ouve entre nós. O conhecimento técnico é insuficiente para dar técnica. Toda técnica se forma na experimentação. É quase inútil a um compositor que *sentiu* visualmente na sua partitura o contracanto de uma flauta no grave, lhe dizer o livro ou o regente experimentado que aquilo não se ouve no conjunto sonoro. O aconselhado pode obedecer, pode mesmo se convencer da verdade e modificar a sua disposição instrumental, mas jamais aprenderá, no sentido em que todo aprendizado é uma norma de conduta que se adquire. Na primeira ocasião o artista reincidirá, não no mesmo erro, mas em erro idêntico de disposição sinfônica. Ou fugirá, amedrontado, de uma porção de bons efeitos pressentidos. A lição grande, no caso, a lição que fica marcada na carne, é o compositor ouvir que... não ouviu o contracanto. Mas como poderá o músico brasileiro aprender, se às vezes passa mais de ano sem que uma só das suas obras sinfônicas ou para qualquer espécie de conjunto seja executada!

O pior é estarem orquestras como quartetos ou corais nas mãos de diretores estrangeiros ou pouco menos que estrangeiros, tudo vestido de guarani, mas indiferentes à coisa local, ignorantes dela, incapazes de compreendê-la e se integrar nela. O que apenas pretendem esses diretores é conservar a todo o custo o lugar conseguido, obedecendo servilmente ao gosto de um público de capitais internacionalizadas como São Paulo e Rio. Público em que além da porcentagem de ouvintes nacionais não ser talvez nem sequer predominante, o péssimo é ser um público preguicento, inerte, ignaro, que exige só as obras mais tradicionalmente fáceis e os pinchos malabarísticos da *brilhação* e da virtuosidade. Tchaikovsky. *Tsssssssssschaikowski*. De modo que quando um regente desses ou um quarteto (excluo aqui apenas o conjunto Borghert) condescende em executar uma *obrazinha* de compositor nacional, o faz apenas pra se descartar de uma imposição legal, repudiando no íntimo o trabalho, e se queixando dos poucos ensaios, por fingimento. E as obras são executadas tão à pressa e tão mal, que o compositor nunca pode saber ao certo se não ouviu o seu malsinado contracanto porque este não se ouve mesmo, ou porque a peça foi mal compreendida, e ainda mais pessimamente executada. E assim ele não pode melhorar a experiência da sua técnica.

É neste sentido que a falta de uma real concorrência estrangeira está nos causando enorme prejuízo agora. Nos falta a concorrência de orquestras, de quartetos, de corais estranhos que estabeleçam o contraste da deficiência nacional e ponham em brio os que podem melhorar os nossos conjuntos musicais. Nos falta a concorrência da audição constante de música moderna estrangeira, de alta qualidade, que permita ao compositor brasileiro experimentar confrontos, reconhecer suas deficiências, seus defeitos, o seu pior e o seu melhor, o errado e o certo dos seus caminhos. Nos faltam os conjuntos nacionais dirigidos por artistas autênticos, executando compreensivamente numerosa música nacional, para que esta acuse os autores de suas falhas e culpas. Mas pra isso a protensão dos governos é indispensável, pois a situação econômica do país não provoca a útil concorrência estrangeira nem estimula as forças nacionais. E é o governo que ainda deverá subvencionar os festivais ânuos de música brasileira, os concursos, os congressos, as pesquisas. E mais os professores estrangeiros que venham pôr abertamente em xeque a fraqueza didática do nosso professorado.

Será um derrotismo argumentar que tudo isso provoca despesas enormes e que me contradigo exigindo tudo isso e ao mesmo tempo recorrendo ao pauperismo nacional para explicar a nossa deficiência técnica. Não cabe aqui estudar processos nem sugerir meios que permitam aos governos federais e estaduais, sem vastas despesas novas, a manutenção permanente de uma orquestra de primeira ordem, de um quinteto, de um coral, que sejam ao mesmo tempo campo de experimentação técnica, escola de regência e fonte de alta execução musical. E com o Loide, a EFCB e outros organismos viatórios nas mãos, e pequenos auxílios *estaduanos*, o governo inda poderá fazer os seus conjuntos viajarem pelas capitais, nas férias escolares e intervalos de temporadas.

Não sou materialista e muito menos dos que descansam nas costas largas dos fatores econômicos todas as culpas do pequenino rendimento humano. E se reconheço que o compositor brasileiro em geral é bastante desonesto na fragilidade da sua técnica, valendo-se do destradicionalismo e despoliciamento cultural da sociedade brasileira, e também das aventuras experimentalistas da música dos nossos dias; se reconheço mais que a nossa deficiência técnica está em grande parte condicionada pela situação financeira do país, tenho a convicção de que é possível sanar ou diminuir ao mínimo estes prejuízos, forçando a marcha das coisas e equilibrando o peso das circunstâncias com uma política musical clarividente em sua orientação e enérgica nos atos. O compositor brasileiro aí está, meu Deus!, cheio de talento e — o que é muito mais importante — admirável de idealismo e resistência. E, a bem dizer sozinho, tem conseguido no que lhe compete forçar essa marcha das coisas, pois que ajuntou uma herança musical que é das mais fortes da América. E nem sei mesmo que fé renitente e heroica lhe tem feito remover as suas montanhas.

## Romantismo musical[1]

*A Helena Rudge*

É certo que o título que encabeça este escrito delimita bem o meu assunto a uma fase histórica mais ou menos fechada da música, mas, preliminarmente, estou imaginando que *romantizar*, em música, é alguma coisa mais que uma estética e muito mais vago que uma escola... Creio mesmo que, para a música, seria bem mais esclarecedor e compreensivo se se entendesse como romantismo a combinação sonora que pretende que os sons musicais sejam palavras, e não exatamente sons inarticulados de vibrações isócronas.

Em princípio, semelhante concepção parece uma absurdidade, mas de fato não o é. Aliás, nem pretendo atacar ou defender a música romântica, o que seria pelo menos uma anacrônica impertinência. Mas na verdade, em seu período histórico, como em qualquer época ou indivíduo, o que essencialmente caracteriza o espírito musical *romântico* é mesmo essa pretensão de atingir, por meio de sons inarticulados, o domínio da inteligência consciente, isto é, justamente o vaidoso domínio que só se manifesta por meio dos sons articulados, por meio das palavras.

Ora, eu me vejo tentado a acreditar que nesta pretensão de fazer com que um Ré bemol ou um intervalo de terceira funcionem em nossa inteligência como uma imagem objetiva, uma ideia abstrata ou mesmo um pensamento, não existe preliminarmente nenhum confusionismo, nem sequer alguma abusiva

---

1. Capítulo da obra *O baile das quatro artes*, publicada em 1943. O livro reúne sete textos, entre palestras e artigos escritos no período de 1932 até 1942. Conferir *O baile das quatro artes*, Editora Garnier, 2005.

troca de valores. Haverá quando muito uma dilatação de limites, uma *elasticização* de limites entre os poderes dos sons articulados e inarticulados, dilatação bastante compreensível, explicável e que jamais poderemos dizer até que ponto abusiva, por ser impossível a determinação dos limiares. Em que limiar a emissão do som vocal consegue se transformar na mais minúscula e primária imagem consciente? Em que limiar tais imagens se sistematizam e se definem economicamente pela emissão do som verbal, abandonando o valor musical?

No Amazonas, em certas regiões mais despidas do homem branco e de seringais, quando o navio de fundo chato subia arquejando, junto à margem, buscando os remansos por lhe ser impossível vencer a corrente do meio do rio, às vezes eu escutava frágeis mas penetrantes assovios humanos, nascidos do mato sem ninguém. Outros assovios secundavam longe. Me explicaram serem tapuios mestiços semicivilizados, totalmente inofensivos, se *entrecomunicando* a respeito do navio que vinha. Eu escutava essa música... romântica, simples conversa entre tapuios; e se, por um lado, pra eles essa música era uma real conversa econômica de vida social, por outro lado, ela me falava, não tem dúvida nenhuma que falava ao consciente, com uma violência associativa enorme, em que era muito Hans Staden, quase um I-Juca-Pirama, e um bocado também, desculpem, Ceci salva das águas num bom navio confortável. Se conta ainda que, no Nordeste, por meio dos seus cantos de aboiar, os vaqueiros chegam às vezes a se corresponder de engenho a engenho, de fazenda a fazenda, se dizendo coisas e dizendo coisas aos seus bois. Poderia multiplicar ao infinito os exemplos e lembrar a musicalidade das linguagens infantis e dos primitivos. E todas estas músicas românticas, cujas palavras são frequentemente puros sons inarticulados, às vezes musicalíssimos, têm uma origem legítima, têm uma base biológica natural, o grito. O grito primitivo dos primeiros homens — esse um só grito de que provieram os sons inarticulados e os sons articulados, o ré bemol e a palavra, a música e o verbo.

Agora suponhamos: se quando os seres humanos principiaram se servindo da emissão vocal para expressar as primeiras imagens e ideias (que, se não me engano muito, foram *meu* e *eu quero*...), se, em vez de roucos sons articulados, tais forças primordiais da vida se expressassem convencionalmente por sons musicais, mais ou menos equiparáveis a um sol ou fá contemporâneos; se logo em seguida as ideias coletivistas da *amiga* e do *amigo* se tivessem tornado conscientes ao homem peludo pela convenção de intervalos, bons intervalos ascendentes por certo e bem dinâmicos, a *amiga* no mais trabalhoso intervalo de quinta, Dó-Sol, e o *amigo* mais conclusivamente no intervalo Sol-Dó, assim se completando a base pacífica das nossas harmonias sociais; se, enfim, tivessem os primeiros homens escolhido convencionalmente os sons musicais para dicionarizar na consciência as imagens e os juízos: nós hoje estaríamos nos comunicando uns com os outros por meio de árias e cantiguinhas, melodias infinitas, hinos e até marchas totalitárias, ao passo que viríamos a concertos escutar a divina arte pura do palanfrório, bulhas escancaradas de mercados e os discursos políticos. Seria triste... Mas devo estar romantizando.

A música não sabe nem conseguirá jamais saber quais os seus limiares expressivos. É tão forte e de tal forma imprevisível o seu dinamismo encantatório e o seu poder associativo e metafórico, que ela, se não consegue se realizar em juízos definidos dentro de nossa compreensão, no entanto vaporosamente se divulga, se derrama por muitos escaninhos da nossa consciência e assume, não as formas, porém os fantasmas e os mais profundos avatares do juízo.

E tanto isso é verdade que nos basta lembrar o homem talvez mais inteligente dos tempos modernos, e imagino que todos logo perceberam que estou me referindo a Goethe. Pois este grande homem, que alcançou uma lucidez incomparável de inteligência consciente, que chega por vezes a ser repulsiva em sua tamanha libertação, esse grande homem que entendeu tudo e creio demasiadamente, uma coisa, talvez única, não entendeu: a música.

Goethe foi o maior antimusical que jamais existiu sobre a terra em tempo de paz. E isso nos fornece uma boa medida da música, da mesma forma que explica o astucioso Ulisses de Weimar.

Goethe, não é que detestasse a música exatamente, pelo contrário, ela muitíssimo o preocupou. Mas, ainda como o herói homérico, Goethe pretendeu escutar o canto das sereias, mas se amarrou à mastreação do barco, pra não se perder, encantado por elas. E por isso ele não entendeu nada a sereia musical que, justamente com os primeiros lusco-fuscos do romantismo, principiava entoando o seu mais enfeitiçante e traiçoeiro canto de magia. Não a entendeu nada, não soube ter a menor espécie de discernimento; e se alagando em moxinifadas estéticas sobre a canção, se dispersando em mil e uma opiniões contraditórias sobre obras musicais e compositores, só pôde gostar mesmo foi de músicos mais que medíocres, um Philipp Christoph Kayser ou Zelter. E do próprio Reichard, que no entanto era já um seguro passo à frente na constituição do *lied* artístico e profetizava Schubert, Goethe o admirou por etapas e *bambamente*. A Schubert nem deu resposta quando este lhe mandou suas canções em 1825.

Para a inteligência intransigentemente intelectual de Goethe, a música verdadeira, as forças, as potencialidades e mistérios da música, o assombravam e assustavam. Talvez mesmo ele a invejasse em segredo, convencido dos limites convencionais da palavra humana, como expressão... Pelo menos, alguma vez por outra, em explosões incontidas e raríssimas, o vemos entregar os pontos diante das fugas de Bach, delas dizendo que são *uma matemática iluminada*. Ou, mais pobremente preso à sua irredutível consciência, mas de alguma forma sempre poetizando (à feição do cego a quem sendo explicada a cor vermelha, a assimilava ao toque da trombeta) quando explicou que a música de Bach era *como se escutássemos, de longe, o mar fremindo*. Aliás é delicioso estudar esse *de longe* do mestre. Da mesma forma com que não estando no convulsionamento deles, mas os contemplando *de longe*, os mais estupefacientes ruídos e cataclismos da natureza são organizados por nós em dados de compreensão intelectual, a música era um *de longe*, uma quase confessada organização atingindo o próprio consciente, uma *linguagem* que talvez Goethe temesse que ela fosse por si mesma. Pelo menos em consciência, já lhe recusara esse poder, nas suas digressões sobre o que devia ser a música da canção. E ainda mais típico desses temores e dúvidas de Goethe é aquela passagem admirável de sua vida em que Mendelssohn rapaz lhe traduz ao piano a "Quinta sinfonia" de Beethoven. O septuagenário se mexe incomodado na poltrona e estoura nesta confissão tão confusionista como maravilhosa: *Grandíssimo!*, acrescentando logo depois, porém: Ganz toll!, música de louco!... Para ele, essa música que o convulsionava, que parecia lhe falar, mas que o raciocinador inveterado não conseguia reduzir aos dados e formas da inteligência lógica, só podia ser mesmo *ganz toll*, completamente doida, uma linguagem maluca, um transvazamento para os domínios estupefacientes da insensatez.

E esse valor da música misteriosa, essa sua maneira de ser que a faz se manifestar pelos mesmos princípios gerais da palavra falada e, ao mesmo tempo, nos convulsionar tão profundamente o ser que nos obriga a verificar a nossa comoção como se esta fosse um dado efusivo do conhecimento; esse valor da música misteriosa é que no homem dos fins dos Setecentos, fragilizado pelas formidáveis transformações da sociedade e obrigado pelas circunstâncias novas da existência, subiu para o primeiro plano da criação artística musical. A música se tornou agora a *expressão dos sentimentos* e a adquiriu o dom da fala.

Mas é preciso não generalizar por demais. Os românticos, especialmente os gênios e os que melhor souberam penetrar a natureza da música em seus escritos, não chegam a confundir a *palavra* musical e a palavra falada. Todos eles estão bem conscientes de que se trata de uma linguagem e, mesmo, duma linguagem do espírito, mas se trata de uma linguagem especialíssima que carece não igualar a linguagem falada, mas que é superior a esta. Esse é o pensamento de E. T. A. Hoffmann, por exemplo, quando escreve que "a música desvenda ao homem um reino desconhecido, um mundo que nada tem de comum com o da percepção dos sentidos que o circunda e ao qual a música abandona, por meio de sínteses, os sentimentos conscientes, reservando para si mesma o que a palavra não pode exprimir". Quando se repetiu isso depois...!

Sem me dar ao trabalho de procurar mais confissões como essa, facílimas de encontrar entre compositores e escritores românticos, anoto ainda, com Ernst Buecken, aquela página admirável de Schumann, em sua crítica à "Sinfonia fantástica" de Berlioz, em que ele se manifesta sobre a maneira romântica de conceber a música e os limites de expressividade desta. Também o genial cantor de Zwickau acha errado se imaginar que o músico escreve suas obras na intenção de escrever ou pintar uma coisa, qualquer dado restritamente consciente. Mas assim como, ao lado do ouvido a vista continua agindo, não há negar que atuem sobre a criação puramente sonora as influências externas. A música será tanto mais elevada e impregnante, quanto mais se confundirem na fantasia do compositor imagens e pensamentos, manifestações plásticas ou poéticas que tenham com a música qualquer espécie de afinidade.

E essa é a própria essência, a própria estética, a palavra de ordem principalíssima em que se baseia toda a melhor criação romântica. Em verdade, ela se despreocupa da imagem sonora (tema, motivo, a melodia em si), tão evidenciada, talvez mesmo com algum excesso, pelos clássicos, para descobrir a ideia musical. A música é uma linguagem que vai além da linguagem, apta a exprimir o inexprimível, enfim, a linguagem do inexprimível, que nos torna apercebidos, embora não conscientes, de tudo quanto a palavra não sabe dizer.

Não era exatamente um preconceito, mas daí surgia toda uma nova mística musical, com todas as forças associativas, sugestionadoras e encantatórias de uma legítima feitiçaria macumbeira. E é certo que, além de valores técnico-dinâmicos, fáceis de discernir e de especificar, dissonâncias novas, novas expressividades virtuosísticas, instrumentalismos novos, etc., que vinham tornar a música romântica mais fisiologicamente impressiva que em geral toda a música anterior, é certo que além disso um valor interno, indiscernível por palavras técnicas, se integrava nessa música. Valor que desde Schopenhauer, creio, se veio chamando de *ideia musical* — essa *ideia musical* de que Wagner primeiro e modernamente Paul Bekker iriam rastrear o surgimento em Beethoven; e que levaria um dos estetas dos nossos dias, Combarieu, a definir a música como a *arte de pensar sem conceitos, por meio de sons*. Valor novo e enfeitiçante, que atiraria a música aos extremos limites do individualismo; valor muito mais mágico que esse ethos, igualmente falso, que em todos os períodos realmente sociais de funcionamento da música, a ela os teóricos e os pais da pátria atribuíram.

Mas, como era de presumir: se os estetas, os críticos e os compositores mais elevados percebiam que a música era, sim, uma linguagem, não porém igual à das palavras, mas a linguagem do inexprimível, nada mais natural que a descida desatenta de tais alturas nebulosas, e a confusão das duas linguagens. Foi o que insensivelmente sucedeu.

É com o romantismo que a música se confunde, não com o fenômeno social, mas com o assunto. Ela sempre foi fenômeno social, e dos mais interessados mesmo, por causa do seu ritmo dinâmico, unanimizador das coletividades. Mas agora ela pretende ser, não apenas essa misteriosa expressadora do inexprimível, ou apenas intensificadora das nossas verdades conscientes, mas ser, por si mesma, capaz de nos dar a realidade do seu assunto. Wackenroder dirá nas suas Fantasias (se observe desde já quanto se falava então em *fantasia*; me referirei a isto mais tarde...) que a música é uma torrente misteriosa que nos inundando o fundo do ser por si mesma nos revela o seu sentido... E é verdadeiramente extraordinário como Beethoven, preocupado com o problema descritivo da "Sinfonia pastoral", antecipa com grande lucidez as ideias de Schopenhauer sobre a música. Nos seus cadernos de notas encontramos reflexões como estas:

Se deixe ao ouvinte o cuidado de se orientar [...]. Os títulos explicativos são supérfluos: mesmo quem possua apenas uma ideia vaga do que seja o campo, compreenderá minhas invenções. [...] A "Sinfonia pastoral" não é um quadro; aí se exprime, por meio de nuanças particulares, o que o homem sente no campo.

É exatamente a linguagem do inexprimível, com suas *nuanças particulares*, os seus pensamentos *sem conceitos*, capaz de tornar o homem, senão consciente, ao menos... ciente, mesmo daquilo de que ele possua apenas uma ideia vaga.

Ora, as manifestações desta nova consciência da coisa musical vão afetar diretamente a técnica. Não são apenas as formas musicais que se desarticulam e alargam, abandonando a noção clássica da sua arquitetura interior, de dentro pra fora, puramente sonora: o que se destrói essencialmente é a própria técnica edificadora das formas, o que se abate é a própria consciência artesanal. O romantismo, ou melhor, a forma social de que ele é uma expressão, é realmente um fenômeno de consequências tão profundas para a musicalidade ocidental, que se pode falar que, dentro do Cristianismo, a música sempre evolucionou por construção, ao passo que no romantismo ela só pôde se expandir por destruição.

Parece quase absurdo, à primeira vista, afirmar que tão grandes técnicos como um Beethoven e um Schumann, e especialmente um Berlioz, um Chopin, Liszt ou Wagner, sejam destruidores da técnica musical. No entanto é o que consigo ver... Esses conhecedores profundos da harmonia, dos instrumentos, esses intuicionadores geniais da orquestração, abrem a porta a todas as confusões técnicas; são, eles mesmos, uns destruidores, com as suas experiências, audácias e tantas invenções geniais. O que é a técnica pra eles? O famoso pensamento de Beethoven vem responder: não há erro que não se possa praticar em benefício da expressão.

É fácil de ajuizar a que confusionismos isso iria dar. Não é mais a obra de arte a finalidade mesma da arte. A finalidade da música é o próprio artista, na expressão direta, imediata e exclusiva do seu assunto. Não é o material da música que lhe preceitua a técnica e condiciona o assunto tornando-o portanto acessível a todos, mas exclusivamente o artista em busca da realização do *seu* assunto. Se a tradição ainda obriga os músicos ao cultivo da sua arte, no entanto sutilmente está se destruindo a consciência profissional, tresvaria o humano e coletivo conceito da técnica, que não é mais um elemento intrínseco da obra de arte, mas apenas um tapejara, um mentor, um Virgílio acomodatício, que acompanha o artista na descida aos infernos das suas paixões.

A técnica, visando o assunto e não mais a obra de arte, se esquece por completo de sua base artesanal. Agora é que ela não é mais um meio de expressão, como quereria Beethoven, mas uma finalidade em si mesma! Com efeito, arrombada em seus mesmos princípios e tradições impostas *multissecularmente* pelo material sonoro, a realização da técnica se confunde agora com a realização do assunto. E sobre isto falarei mais longamente ao me referir à virtuosidade. Mas a mudança é enorme. De primeiro íamos escutar uma sinfonia de Mozart, uma sonata de Scarlatti e um salmo de Vitória. Agora, vai-se ouvir como é que Beethoven faz uma sinfonia (com coros?...), Berlioz traduz "A danação de Fausto", ou Chopin se acomodará na forma da sonata.

A diferença me parece de raiz, como consciência profissional da arte. Nesta inflação do homem indivíduo, em que o carro passa adiante dos bois, em que a personalidade do artista passa adiante da funcionalidade da obra, há uma perversa mas essencial dessocialização da arte da música. E se esta é agora popularesca por princípio, devido às aparências democráticas que a vida tomava então, em essência ela é uma expressão de classe. Porque o artista agora não cria mais uma obra simplesmente funcional: ele acredita na Sua Obra e a valoriza. Não a esquece mais nem a perde na escureza *bichenta* dos arquivos, antes a assina aos quatro cantos e proclama aos quatro ventos, e faz dela o seu próprio elogio, a expressão de si mesmo, a exaltação do Eu. A música, como funcionamento cumulativo dos *socii*, ironicamente se dessocializou. O que dantes era vício apenas do intérprete, agora é vício do próprio artista criador, que tornou-se não exatamente um democrata, mas... um capitalista!

Por falar em intérpretes e capitalização... Me seja permitida aqui uma nota que, tendo exceções, não deixa de ser bastante geral para aqueles tempos em que a emancipação da mulher era apenas um sonho, confirmado pelo meretrício das cocodettes do duque Gramont-Caderousse, e as Hortênsias Schneider, as Cora Pearl, as Adèle Courtois e também as mais científicas George Sand. É que as mulheres, menos *de classe* em sua posição subalterna, parecem terem sido mais sinceras na linguagem musical do inexprimível... Pelo menos, é muito frequente, então, as cantoras acabarem na miséria e os cantores e tocadores *enriquecidíssimos*. E se Rubini, em reuniões sociais, jogava baralho enquanto cantava a cavatina do terceiro ato da Sonâmbula, ao mesmo tempo conseguindo ganhar no jogo e arrancar lágrimas de seus ouvintes, a Malibran avisava que a agarrassem de qualquer jeito no final do "Otelo", pois não podia se responsabilizar por seu jogo de cena, no estado de possessão em que ficava... Romantismos?...

Mas insisto ainda um bocado sobre o problema da técnica romântica. O que caracteriza a técnica musical anterior ao romantismo, especialmente nos clássicos do século XVIII, é uma realista compreensão e aplicação do material sonoro. Essa compreensão e aplicação é de tal forma estrita que não se pode realmente surpreender uma só vez, seja nas tocatas e sonatas dos cravistas italianos, seja em Couperin, le Grand, ou Kuhnau e mesmo nos violinistas da Itália, no entanto tão cheios de expressão e liberdade os do Mediterrâneo, e o francês e o alemão tão presos ao descritivismo e ao retrato musical, em nenhum se poderá surpreender esse misterioso caráter que, em música, chamamos de *poético*.

É nos românticos que a gente vai encontrar à larga esse poético musical, essa aura divagante e indefinível que, embora dela nascendo, na verdade transcende a fenomenologia sonora e parece independer dela. Desde as primícias de certo Mendelssohn sinfônico, de certo Weber operístico e mesmo de certo Lesueur cantando os "Bardos", e desde também a melódica de um Bellini, flébil e indestinada, as manifestações musicais frequentemente parecem se destacar da própria música, para adquirir uma profunda força evocativa. É constante agora nas obras, desde o início do Oitocentos, por mais bem-compostas e dentro da técnica erudita, esse valor que encontramos com tanta frequência nas criações dos artistas que independem da técnica, os primitivos em geral, os desenhos de crianças, os poemas dos loucos: um profundo sabor evocativo, uma transcendência lírica, iluminada e fantasmática.

A independência da técnica verdadeira, o esquecimento do artesanal e desobediência às características mais essenciais do material sonoro, entre os românticos, é que lhes dá esse sabor poético, tão encontradiço no piano e nos *lieder* de Schubert e Schumann, em todo o Chopin, como no desmaiante "Field", nos poemas sinfônicos de Liszt e de Berlioz, na orquestra de Wagner; uma dissociação entre a arte da música e o seu material sonoro, que liberta aquela da sua realidade luminosa, e lhe permite uma ensombrada e perturbadora transposição para dentro do ser sensitivo.

A lógica musical deixa de ser exatamente aquela conexão de essência sonora, para ser uma conexão de essência psíquica. Já nem me interessam as obras descritivas da música de programa propriamente dita, em que o ouvinte sugestionado *vê*, *enxerga*, *apalpa* as formas objetivas da vida dentro das imagens sonoras. Mas são numerosas as obras tais como a sonata op. 110 de Beethoven, a "Nona sinfonia", até as formidáveis baladas e *esquerzos* de Chopin, em que, aos poucos, a gente vai adquirindo a noção exata de que está acontecendo alguma coisa. Um tema que volte, uma modulação que surja, não parecem mais necessidades intrínsecas da arquitetura musical, voltam e surgem porque está acontecendo alguma coisa. Pouco importa saber o quê. O que importa é o novo poder narrativo que a música adquire e se tornou agora o seu mais característico destino. *Narrativo*, não a feição de pintura e escultura; nem ainda o caráter narrativo da prosa, em que os pensamentos lógicos se concatenam para uma descrição e uma análise compreendidas direta e essencialmente pela inteligência consciente: mas exatamente o narrativo mais livre, mais escuso, mais próprio da intuição preliminar que da dedução conclusiva, que é o domínio mesmo da poesia.

E aqui entramos numa das características mais específicas da música romântica, a meu ver, a virtuosidade. Paul Bekker, se não me engano, foi o primeiro a pôr em relevo a virtuosidade como princípio essencial do romantismo. *Virtuoso* é o indivíduo que tem a virtude da realização musical. Nos tempos da grande Grécia, o artista criador era o próprio virtuose, próprio realizador das suas criações. Não o conceito, mas o caráter da realização implica necessariamente em si mesmo, por mais obediente que seja a uma predeterminação qualquer (no caso: uma obra escrita), não apenas o poder, mas a fatalidade da criação do momento. O virtuose verdadeiro jamais executará uma obra duas vezes da mesma maneira. Há sempre um valor instantâneo, espontâneo, cuja consequência mais lógica é a improvisação. E este será o virtuose ideal: o artista que cria no momento, entregue às possibilidades técnicas e aos domínios íntimos do seu sentimento e da sua fantasia. E, de fato, não é à toa que, no alemão, o verbo *fantasieren* tanto significa *cismar*, *fantasiar*, como *improvisar* também. E até mesmo o burguesinho Schubert escreverá romanticamente no seu diário de 1824: "Oh, Fantasia, mais precioso tesouro humano, fonte inexaurível em que tanto os artistas como os sábios bebem!..."

Na verdade, o único período da virtuosidade foi o romantismo, como salienta Paul Bekker, porque só nesse tempo ela se baseou na improvisação. E não me é possível esquecer aquele momento decisivo de Beethoven adolescente, no seu encontro com Mozart, em Viena. A pedido do mestre já consagrado, Beethoven executa uma sonata, mas, desgostoso, sai com rompante do piano, enquanto Mozart, frio, nada percebe do possível valor do rapaz. Mas este, de supetão, pede licença para improvisar, senta de novo ao piano e improvisa. E só então Mozart, atingido, percebe e confessa que aquele moço traria alguma coisa nova para a música.

Agora sim, estamos em pleno período da *fantasia*. É a "Fantasia sobre um tema da Norma", ou sobre árias de "La juive". Os próprios malabarismos de um Liszt, de um Thalberg, de um Paganini, ficados em páginas escritas e impressas, assumem um caráter tão íntimo de improviso, e eles os modificavam tanto a cada execução, que por aí é que se poderá compreender melhor esse conceito romântico, e tão legítimo, da virtuosidade. Era um direito desses virtuoses verdadeiros fantasiar assim numa quarta corda mirabolante ou nos mais mirabolantes arpejos, sobre a *preghiera* do "Moisés". O absurdo é um virtuose de agora, mesmo quando honesto recriador de escrituras alheias, mas incapaz de fantasiar por si, executar essas peças-falenas de um minuto, se entregar ao improviso alheio, em vez de fantasiar e de improvisar por si mesmo...

E se compreenderá exatamente em toda a sua extensão o que era esse improviso romântico, se tomarmos um dos anunciadores da fase, Weber, afirmando ser o improviso o momento principal da criação artística... E Schumann mais tarde, reafirmando o mesmo, no dito: "A inteligência pode errar, mas o sentimento nunca..." E vemos Lenau, depois que os médicos desanimaram, se curar do seu primeiro acesso de loucura, improvisando um Laendler no seu violino d'Ingres, dele tirando por duas horas as mais deslumbrantes... visões! E vemos até um prosador, mas dos mais românticos, Jean Paul Richter, confessar:

...quando uma comoção me domina tanto que a desejo exprimir, ela não soa em mim por meio de palavras, mas por sons musicais, e só a expressarei no piano. E assim que, para a criação, me aproximo chorando do piano, o trabalho da criação desaparece e unicamente a comoção me dirige. Nada me atinge, nada me exaure tanto como improvisar, e sou capaz de morrer disso.

Enfim se descobrira e levava-se às últimas consequências uma espécie nova de lógica sonora, que não derivava mais do material que faz a música. Seria inexato porém, mesmo na música programática, afirmar que a lógica nova derivava de um narrativo *prosístico*, de uma *tonmalerei*, formando um quadro perfeitamente reconhecível e compreensível pela inteligência consciente. Era antes uma lógica do indivíduo em toda a sua complexidade psíquica, e que só ele podia impor. Quando tinha gênio...

E realmente só os gênios se salvaram no dilúvio romântico. Só eles, uns poucos, puderam nos ficar permanentemente. Se do classicismo e mesmo de antes, baseados nas exigências do material sonoro, fazendo suas obras derivarem intrinsecamente da técnica, centenas e centenas de artistas menores nos ficaram e até agora são agradáveis de ouvir: os menores do romantismo, os Reicha, os Nicolai, e principalmente os Smith, os Panseron, os Gottschalk, e até mesmo bastante Liszt e muito Paganini, são insuportáveis de ouvir.

Não é possível, numa síntese como esta, estudar a transformação dos elementos materiais da música. Um exemplo apenas produzirei, por ser dos mais característicos: a mudança de valor que sofre a síncopa. Esta é na realidade um elemento exclusivamente musical, específico do material sonoro, pois nem mesmo metaforicamente a podemos conceber nas outras artes. Ora, com o romantismo, a síncopa vai assumir um valor extramusical. Se comparamos, por exemplo, a síncopa em Bach, tão sincopado em suas obras, a síncopa romântica e a sincopação contemporânea da música brasileira ou norte-americana, logo esta maneira de ritmar se excetua com violência das duas outras, no romantismo, como consciência de valor. Em Bach, a síncopa é uma pura consequência enriquecedora da divisão do tempo sonoro. É um valor puro. No samba carioca ou no jazz a sincopação é um valor mais necessário que em Bach, menos *hedonístico*: nasce e se desenvolve das tendências afro-americanas de movimentação coreográfica, com que a música facilita os passos e estimula os balanços corpóreos do dançarino. Está claro que nos dois casos, como qualquer outro elemento musical, a síncopa é uma expressão. Mas esta é pura, é essencial e estritamente musical e dinâmica. Ela nos conserva dentro da imagem musical, livre de qualquer expressividade que permita comentários psicológicos, dando asas à literatura e à literatice.

Com o romantismo, a síncopa, já bastante encontrável num Schumann, por exemplo, num Brahms, e infelizmente nas romanças italianas em atraso de um Tosti e um Gastaldon, vai culminar, como aplicação de valor psicológico, nos noturnos do segundo ato do "Tristão". Aqui é de ver-se o texto de certos comentadores. Se trata da angústia do coração, é a respiração alterada pelo mal de amor que essa base rítmica expressa. Não é mais a imagem musical que se desenvolve, mas a ideia intelectual, fruto de uma experiência psicológica e crítica. É uma outra consciência de valor, como se vê, um valor raciocinante, uma crítica da vida, que em nada aumentou a expressividade musical. Mas a transformou prodigiosamente.

E com os últimos casos especificados, a sincopação revalorizada como princípio expressivo, o abandono da lógica do material sonoro como elemento construtivo da música, em proveito do improvisatório virtuosístico e de um caráter *poético*, mais próprio da linguagem falada, podemos determinar o castigo de orgulho que se abateu sobre a linguagem musical romântica. A música pretendera construir sua torre de Babel, para alcançar os valores das outras linguagens artísticas. Quisera ser descritiva como a pintura (*tonmalerei*), e adquirir os valores da linguagem poética... Deu-se a confusão das linguagens. E numa forma de vida e de política aparentemente internacionalistas, o efeito mais virulento foi a exacerbação, a bem dizer, verdadeiramente a criação do *nacionalismo* musical.

O romantismo, como já falei, era por princípio popularesco, refletindo as novas condições teóricas da sociedade. Ele queria se aproximar *republicanamente* do povo. E, com efeito, nós vemos desde os primeiros românticos (um Chateaubriand, por exemplo) os artistas se interessarem pelas poesias e pelas cantigas populares. Macpherson iria se criar uma das maiores popularidades do primeiro romantismo, inventando a burla esplêndida do bardo Ossian, que fez o próprio Napoleão gemer de gozo. Gozo poético?... Aceitemos que o seja! pois o que interessa a esses românticos, na poesia e na música popular, é justamente o seu valor evocativo, sugestivo, *poético*.

Chateaubriand vai se tornar mesmo um legítimo precursor do folclore, na sua obsessão pelas canções escutadas na infância, pela primeira vez lembrando a músicos e poetas, então violentamente impregnados de exotismo, que, além das músicas dos selvagens americanos e dos Ossians duma vida insuspeitada, havia também canções, ao alcance da mão na sua terra bretã. Foi realmente um apaixonado do poder evocativo das canções do povo. As suas *Memórias de além-túmulo* e os romances estão cheios de cantigas tradicionais. No "Último abencerragem", por acaso, faz a gente descobrir o filão multisecular duma das canções brasileiras mais popularizadas, quando põe o rei Don Juan, desejoso de possuir Granada, cantando:

> *Je t'épouserai,*
> *Puis apporterai*
> *En don à ta ville,*
> *Cordoue et Séville...*

Imediatamente nos surpreende a coincidência desses versos com o texto:

> O rei mandou me chamar
> Pra casar com uma das filhas
> O dote que ele me dava
> Oropa, França e Baía.

Mas é que Chateaubriand já era, a seu modo, um folclorista, e criava as suas canções sobre base tradicional. E esta, o musicólogo Julien Tiersot descobriu num texto quinhentista do espanhol Pérez de Hita. É um romance-velho ibérico, filiado ao ciclo das lutas de cristãos e mouros, do século xv ou do seguinte, em que o rei exclama:

Granada, Granada,
Si casares comigo,
O dote que te dou
Córdoba e Sevilha.

E assim como Chateaubriand, como Gérard de Nerval, como Macpherson, como Garret ou George Sand, os compositores também, até mesmo um Berlioz, se apaixonam pelo valor nativo e evocador dos cantos populares tradicionais. Por certo Weber e Schubert, quando se acomodavam pela primeira vez as medidas e constâncias nacionais da tradição *liederesca* germânica, estavam honestamente bem longe de imaginar que profecia davam da babel nacionalista do século. O músico do mundo, do século XVIII, desaparecera completamente; e no século republicano, cada músico é de sua pátria, quer ser de sua pátria, voltando com frequência às fontes da canção e das danças populares. Mas a *linguagem dos sentimentos* envenenava a água pura dessas fontes... E, como vemos num dos mais altos entre esses criadores musicais românticos, Chopin, a mazurca, a valsa, a polonesa e principalmente a canção, se deformam escancaradamente para se transformarem numa linguagem da expressão sentimental. Coisa com que o povo não sonha. Linguagem, sempre linguagem...

Uma sociedade, não mais socraticamente *do mundo*, mas desleixadamente internacional, chamalotante e cromática, onde, na confusão babélica de tantos nacionalismos, ninguém não se entendia muito bem, em música, que não fosse através da linguagem dos sentimentos... Mas esta linguagem estava fatalmente deformada pelo tresvario da técnica, numa sensual e violenta linguagem dos sentidos. E dominava tudo, não esses heróis que hoje ainda nos alimentam, um Beethoven, um Chopin, um Mussórgsqui, mas o convencionalismo sentimental da romança de salão, acompanhada na guitarra, harpa ou piano, a grandiloquência brutal da ópera, Meyerbeer, ou a risada aberta da opereta, Offenbach.

Paris, já então *umbigo do mundo*, era o caravançará trágico e *levianíssimo*, a encruzilhada dessa gente que cantava sobre os vulcões, diluída no *à peu près* dos sentimentalismos. 1830... O fim do Ancien Régime... A monarquia de julho. É Luiz Felipe, o papagaio tricolor que a cada pergunta só sabia responder "Valmy", "Jemappes". Mas Paris, no meio da maior angústia, era mais que nunca a "Schoene Zauberstadt", como a apelidara Henrique Heine, o *palco em que as maiores tragédias da história humana se passaram*, diz o Maximiliano das Noites florentinas. E que melancolia e pressentimentos dolorosos nos faz evocar essa frase, diante da Paris de hoje, apenas uma entre as escravas da prepotência mais infamante que nunca desonrou a dignidade do homem...

E Maximiliano continua contando que uma noite ele fora ao Porte Saint-Martin assistir a "La tour de Nesle", o dramalhão de Alexandre Dumas. Acontecera, porém, que, na cadeira que ficava na frente, sentara uma senhora com um imenso chapéu de gaze cor-de-rosa. E assim, Maximiliano só pôde ver todos os horrores que se passavam no palco através duma coloração rósea. "Sim, ele conclui, há em Paris uma luz rosada semelhante, que suaviza quaisquer tragédias..." Menos agora, com o *blackout*...

E essa luz rósea romântica é que buscavam então as mariposas da música, os morcegos das finanças, e a noturna bicharada de... tudo! Lá faziam parte da "Garde" as mais escolhidas mulheres de pele inglesa como de cor mediterrânea. Lá, o conde de Donnersmark ia encontrar a Paiva, pra gastar dinheiro. E sobretudo os russos, uma *russaria ursíssima*, gastando, bebendo, gastando. Já principiara a tradição milenar, vinda de Voltaire e da Comuna, política também social, que nos ensina dessa terra das transitórias capitais: Rússia, capital Paris.

Paris estrondava de alegrias e músicas. Na epidemia de cólera de 1832, foi impossível impedir o carnaval; e os hospitais se enchem de arlequins, *pierrots*, *pierrettes*, jogados no leito de morte ainda vestidos de fantasia. Pouco depois o nosso Álvares de Azevedo e os da sua roda não iriam dançar com leprosas num prostíbulo de Santo Amaro?... É então que os religiosos principiam se afastando de Paganini, que frequentava os sabás, dizem. E falam por aí como Chopin se inspirou pra compor sua Marcha Fúnebre. Ziem, o pintor paisagista, que adorava Chopin, quis presenteá-lo com um piano. Para isso deu um jantar, com mais uns poucos amigos comuns, como o pintor Ricard e o príncipe de Polignac. Mas Chopin estava essa noite numa das suas crises de depressão nervosa e todos principiaram com brincadeiras pra distraí-lo. Polignac, pegando um esqueleto que Ziem tinha no ateliê, sentou o calunga no piano e, lhe mexendo os braços, o fez tocar. Os outros apagaram as luzes, para aumentar o gosto *poético* da visão... Nisto, Ricard, aproveitando uma arca vazia que estava junto dele, fez soar três pancadas violentas e todos, com vastas gargalhadas, achavam muita graça no caso. Menos Chopin. Avançou para o lado do piano, tomou o esqueleto nos braços e abraçou-se apaixonadamente com ele. E então improvisou. Era uma música soturna, mortuária, com os acordes batendo como roncos lamentosos de morte. De repente o improviso para em meio, ouviu-se um baque. Todos correm para o piano. Chopin jazia desacordado no chão. Poucos meses depois, o grande músico executava a primeira da "Sonata em *si bemol*". Lá vinham, no andante, os mesmos acordes de deploração, era Marcha Fúnebre. E Schumann nos confessará também que foi premido subitamente a compor, convulsionado que se sentiu por impressões sinistras e pressentimentos; e que isso aconteceu no instante exato em que, noutra cidade, sem que ele soubesse de nada, lhe morria longe uma afeição querida.

Tudo isto, *si non é vero...* é, pelo menos, muito da leviandade romântica, que substituía a profundeza da vida pelo delírio dos sentimentos. E tudo se esclarecia e determinava sob o signo do sentimental. A loucura, a tuberculose, a surdez, a mística amorosa, o diabolismo rondavam a porta dos mais fortes. Nos outros, então, era todo um sentimentalismo desenfreado, como no famoso duelo musical entre Thalberg e a Malibran, contado por Legouvé. É no casamento da grande cantatriz que Thalberg, convidado a tocar, arranca o entusiasmo de todos. A Malibran, porém, apesar das fadigas e enervamentos do dia, sentindo-se roubada em sua grandeza, desafia o pianista com o seu canto mirífico. Mas nem bem para de cantar, que Thalberg se engalfinha com o piano e como que ultrapassa as comoções conhecidas. É agora a vez de Malibran, que também desvenda ignorados paraísos da música. E vão ambos assim num crescendo de grandezas, até que não podem mais, choram. Houve empate, porque não foi possível continuar o duelo, os dois artistas se *desmilinguindo* em pleno choro. Também de Liszt se conta que, nos salões, apagadas as luzes, tocava com tais arroubos expressivos que todos acabavam em pleno choro. O *pleno choro* era uma espécie de ressaca das romanticidades. E na procura dos seus excitantes todas as hierarquias artísticas, a técnica, a forma, a realidade da música, a funcionalidade da arte, se abatem. Um dos exemplos curiosos dessa... democrática devastação das hierarquias se manifesta na escolha variada dos timbres, nos concertos.

O desnorteamento dos programas era constantemente absurdo. As sinfonias de Beethoven se impunham pouco a pouco, mas no primeiro concerto da Société du Conservatoire, em 1828, ao lado da "Heroica", havia um coro da "Blanche de Provence" de Cherubini e um solo do compositor Meifred para pistão. No concerto de apresentação de Chopin, na sala Pleyel, em que o gênio executava o seu "Concerto em fá menor", tomaram parte, além de duas cantoras, cinco pianistas que, com Chopin, executaram uma "Grande Polonaise" de Kalkbrenner, para 12 mãos. E nenhuma cabeça... Na festa da embaixada da Inglaterra, em 1842, em que tomaram parte alguns dos maiores cantores do tempo, além de muitos Donizettis compreensíveis, havia uma *romanza* de Vera e um dueto de Schira. No ano seguinte, na festa milionária do barão James de Rothschild, em que também se ouviam os maiores rouxinóis ensinados, e só esse canto mirífico, a Grisi, a Viardot, e Tamburini, e Mário, e Lablache: os compositores da segunda parte do programa eram Ricci, um Fioravante, ainda um Gabussi e o mesmo Schira do ano anterior.

Nesse concerto, de instrumental só havia um solo de violino, de que o programa nem sequer tomava a paciência de indicar o autor! E que dizer de um concerto dado nos salões de Pape, em que tomavam parte Herr Schunck, primeira trompa do rei de Vurtemberg, seus dois filhos, Herr Klein, primeira clarineta do rei da Baviera, e Mr. Payer, *pianista compositor-improvisador e inventor da fisharmônica*, palavra de honra! Pois desse concerto participou também, igualzinho aos outros, a maior estrela do piano, Franz Liszt, numa peça também para 12 mãos.

Mas era mesmo o canto que dominava, na linguagem da brilhação e do sentimental. Nem o próprio Berlioz escapava disso organizando as suas execuções com oitocentos cantores. Do teatro de ópera, o próprio Spontini, que fora um dos precursores do teatral romântico, se horroriza com as "sensações convulsivas até o exagero, a extravagância, a loucura, o delírio", como diz numa carta de 1836. Neste 30 mesmo ano, em que o vulcão das revoluções se abria em Lisboa, poucos meses depois do deslumbrante baile de entrudo oferecido pelo conde de Farrobo, e em que, se o São Carlos já estava quase às moscas e de concertos só lembro um dado por José Macia Ciebra e Gouveia, professor de viola francesa, onde brilhava como número principal do programa a sinfonia da "Semíramis", *regulada por ele mesmo à guitarra, de modo que se sintam em suas harmonias todos os movimentos das vozes intermédias dos violinos, baixos e mais instrumentos...* Nessa mesma Lisboa *portuguesíssima*, cheia de assaltos políticos feitos por "homens armados, que ocultavam parte do rosto com lenços *d'assuar*", como dizia um jornal absolutista do tempo... E tempo de tamanhas angústias políticas para Portugal que um realista, na Covilhã, sucumbe de susto uma noite ao "ouvir o estrondo da queda da sua casa"; e em Setúbal matam uma criança *por este inocente ter nome de Miguel*... Pois nessa mesma Lisboa irrespirável de 1836, ainda o delírio da ópera domina um jornal de modas, o Correio das Damas, lança pelo país os seus figurinos de corpetes *a virgem, bonés à Norma*. A ópera e a opereta dominam a inconsistência moral do tempo e já nos fins da grande fase romântica, pouco antes de 1870, nós veremos ainda o homem mais importante na política de França, o duque de Morny, colaborar com Halévy e Offenbach em peças musicadas. Mas de fato a situação parisiense de então era bem semelhante à da Lisboa de 1836, e, se entre os bonés à Norma das mulheres, se degladiavam no Tejo absolutistas, constitucionalistas, realistas e miguelistas, é o próprio Napoleão III, aliás legítimo absolutista, quem, ao tempo em que Morny se divertia com as operetinhas e o nosso querido Pedro II fazia sonetos, se desculpava das coisas não correrem bem, no Segundo Império, porque a *imperatriz era legitimista, Morny orleanista, e ele mesmo um republicano*. E terminava a desculpa dizendo: "Só existe um único e derradeiro bonapartista, é Persigny, mas está louco!"

Assim como Wagner na mocidade, Liszt na velhice também se preocupava de política. Húngaro que não se esquece de sua pátria subjugada, convidado para um concerto no palácio imperial de Viena, vemo-lo já quinquagenário atacar a marcha de Rakoczy diante da corte estarrecida, enquanto o jovem imperador Francisco José sorria, dizendo lhe serem raras as ocasiões de ouvir música tão bela... Numa das admiráveis cartas reveladas por La Mara, na edição Breikopf de 1894, vemos ainda Liszt com bastante segurança definir os políticos equilibristas de então e preocupar-se com o equilíbrio europeu. E diz esta frase admirável: "Certos povos não poderão mais ser tratados como os coros das óperas antigas, destinados a cantar no momento oportuno o eterno refrão de *libertà* ou de *felicità*; e quando as complicações chegarem, lhes será preciso dizer o *buonasera*, quer ao Dom Basílio das nacionalidades, quer ao dos governos constituídos." E enumerava entre esses povos a Hungria e a Polônia.

Ah! a Polônia, essa que só poderemos exprimir na linguagem do inexprimível... Chopin não tinha nem vinte anos quando recebeu aquela carta de amigo, que o concitava a fazer música exclusivamente polaca. E de que maneira o excitavam? Com argumentos desta força: "Existe uma melodia natal como existe um clima natal. As montanhas, os matos, as águas, os campos têm voz nativa, interior..."

Mas quase que tenho relembrado apenas os gênios, e as altitudes sociais, da música romântica, e é preciso não esquecer ainda o alicerce multitudinário da burguesia, de que esses marcos se elevavam. O tempo era de *cantarolagem*, como já falei. A misteriosa linguagem do inexprimível mostrava aí sua fragilidade, salientando os excessos mais burlescos, o romance com palavras. Dalaire lastimava em 1845 não existirem mais editores de quartetos ou sinfonias, ao passo que ninguém hesitava em dar seis mil francos por seis romanças de compositor em voga, desde que elas fossem lançadas por intérpretes como as senhoritas D'Hénin e Drouard, ou cantores como Penchard, Vartel ou Richelmi. Estes seriam por certo os Orlando Silva e as Carmen Miranda do tempo, sem rádio nem disco, predestinados à morte irremediável. Mas se não tinham rádio, tinham excesso de salões. Da mais alta nobreza às virgens da burguesia pequenina, toda a gente cantava. Blangini, compositor de centenas e centenas de romanças de salão, tivera entre seus alunos a rainha Hortênsia, a rainha da Baviera, a de Vestfália, o rei da Holanda, a princesa Borghese, a duquesa do Berry e quase toda a aristocracia da Restauração. Outro professor também célebre, autor da "Arte de cantar romanças, cançonetas, noturnos e em geral qualquer música de salão", nos ensinava o segredo desse cantar à beça: o que é preciso, diz ele, é *um canto simples e terno que deve ser cantado com a alma*. O perigo é que essas romanças não eram *simples e ternas*, mas simplórias e sentimentais. Quem mais hoje se recorda desses líricos de então?... O próprio Berlioz adolescente colecionará romanças de Berton, Dezede, Della-Maria e Plantade. E entre os mais celebrados, cujos cantos soaram nos salões da Récamier, de Sófia Gay, de Mme. de Girardin, de Mme. de Duras, de Mme. Ancelot, de Charles Nodier, de Benjamin Constant, de Liottier, quem mais se recorda de uma Pauline Duchambge, de uma Loïsa Puget, de Amédée de Beauplan, Labarre, Dalvimare, Panseron! Esses foram os autores célebres de milhares e milhões de romanças que se intitulavam "Adiou tout", "La valse et l'aumone", "L'ange gardien", e às vezes, mais surpreendentemente, "Les Brésiliennes" de Luigi Bordèse, cuja doce litografia de capa nos mostra duas sorridentes espanholas de mantilha, montadas em burros, numa paisagem alpina... Quem se recorda mais?... Mas nos álbuns de modinhas e romanças das nossas bisavós e avós, brasileiras estas legítimas que festejaram a Maioridade e a Guerra do Paraguai, iremos encontrar quase todos esses mesmos nomes de mel. Panseron, Loïsa Puget tiveram verdadeira voga no Brasil, a julgar pelos álbuns dos nossos antepassados. Assim como, no piano, esse mesmo Steibelt, que ainda menino escutei numa fazenda a querosene e poço, o mesmíssimo de quem pelos tempos da nossa Independência, Mme. Récamier dedilhava, com alguma dificuldade, a melosa "Invocação à noite" aos ouvidos do seu Chateaubriand grisalho.

Era toda uma *cançonetagem* de água de rosas com açúcar, de uma facilidade estupefaciente, de uma simplicidade simplória, nascida do coração também com açúcar. O culto do então chamado simples, em que confundiam seus gostos desamparados o grande Goethe invetivando o canto *durchkomponiert*, e o menor Alexandre Dumas — o qual dizia dos cantos *simples e melancólicos*, que o inundavam de uma doçura infinita, o envolviam de uma harmonia fluida, lhe abriam os poros sensitivos e, como pastor da Bela Adormecida, lhe iam buscar no fundo do coração *uma sereia em pleno sono que acorda e põe-se a cantar*, arre! Bela crítica, bem romântica, que lembra aquele outro crítico profissional, dizendo das melodias de Bellini serem *como o suco das rosas de Bengala — o verdadeiro perfume da alma num beijo atirado com a ponta dos dedos*, arre!

E assim era a crítica familiar do tempo... E vemos Mme. de Girardin elogiar Lablache e a sua possante voz de baixo profundo, com uma antítese que nem a Vítor Hugo, nem ao nosso Castro Alves lembraria: *condor de asas gigantescas cantando como um rouxinol*... Mas estávamos no tempo em que o próprio Reicha bem mais alto, comentando a música religiosa, investia contra Palestrina que *não convinha ao século*, por ser um estilo *sem ideias musicais, sem canto, desgracioso e sem variedade!*

Mas ainda é sempre Mme. de Girardin, num acesso de bom-senso, quem me vai dar a palavra final destas evocações. Fora escutar um "Réquiem", executado num salão da alta sociedade e comenta escandalizada nas suas *Lettres parisiennes*: "Um réquiem mal-escutado por mulheres de braços nus, colos nus, cobertas de joias, olhos mexemexendo de flirt"... "O que interessa é saber a que momento do concerto os criados trarão os refrescos. Será antes ou depois do De Profundis? Gente feliz, será que nunca vistes a morte de perto?"... Não viam, não enxergavam... A música romântica, com a sua linguagem do inexprimível, era mais um ópio enfeitiçante que diluía as consciências. E enquanto a vida preparava a sua má espécie de agora e a maior seriação de mortes que nunca a história viu, essa gente romântica, através das gazes róseas, com a canção solta no lábio, brincava sobre os vulcões...

## Trecho de carta a Moacir Werneck de Castro[1]

S. PAULO, 19 DE NOVEMBRO DE 1942

Moacir, […]
Gostei, sim... muitíssimo do "Amélia", é das coisas mais cariocas que se pode imaginar. Mas o "Vão acabar com a Praça Onze" me estrangula de comoção, palavra. Você já viu coisa mais lancinante? Aquele grito *Guardai o vosso pandeiro, guardai!* é das frases mais musicalmente comoventes, um grito manso, abafado, uma queixa de povo suave, que se deixa dominar fácil, sem muita consciência, mas sofre e se queixa. Palavra que acho aquilo horrível, de não poder aguentar. Tomei como um ataque sentimental danado. Xinguei a estupidez do *progresso* dos estúpidos, está claro, fiz discurso num ambiente bom com vários uísques e de vez em quando continuava cantando o sermão, *Guardai o vosso pandeiro, guardai!*, com lágrimas nos olhos.

Já era tempo de alguém, mas alguém com muita sensibilidade e conhecimento de causa, fazer um estudo sobre os textos do samba carioca. Um Aníbal Machado talvez servisse ou talvez o em-se-perdendo ilustre autor de "Oscarina". Olha que eu (e você) conheço bastante os textos das canções populares de autor de minha terra, ah o chamado *espírito francês*! Nem França, nem Nápoles, nem rumba, nem fox, arre que no fado nem imagino! Quando não é resolutamente boçal, os de um sentimentalismo punheteiro, atinge um engraçado divertido. Sem dúvida que a comicidade francesa, quando não imoral, e principalmente a

---

1. Conferir *A música popular brasileira na vitrola de Mario de Andrade*.

anglo-americana serão de uma alegria mais límpida, mais desimpedida, *alegria pura*, dirão os puristas. O samba não tem essa face, que eu me lembre. Mas além de ser com frequência genial na felicidade de dizer as coisas, é de um inesperado de assuntos, de uma riqueza psicológica assombrosa. Ora, o sujeito estourar naquela bruta saudade da Amélia, só porque está sentindo dificuldade com a nova, você viu coisa mais humana e misturadamente humana? Tem despeito, tem esperteza, tem desabafo, tristeza, ironia, safadeza de malandro, tem ingenuidade, tem pureza lamacenta: é genial. Acho das manifestações mais complexas que há como psicologia coletiva. [...]

Um abraço
*Mario*

## Música popular brasileira[1]

Ao lado de todo esse movimento histórico em que a música artística se manifestava, no Brasil, mais por uma fatalidade individualista ou fantasia de elites que por uma razão de ser social e étnica, principiou tomando corpo no século XIX uma outra corrente musical, sem força histórica ainda, mas provida de muito maior função humana: a música popular. Não sabemos nada de técnico sobre a música popular dos três séculos coloniais. Um povo misturado, porém ainda não amalgamado, parava nas possessões que Portugal mantinha por aqui. Esse povo feito de portugueses, africanos, ameríndios, espanhóis, trazia junto com as falas dele as cantigas e danças que a colônia escutava. E foi da fusão destas que o nosso canto popular tirou sua base técnica tradicional. O que tirou do aborígine? Não sabemos quase nada de positivo. O chocalho, empregado como obrigação nas *orquestrinhas* maxixeiras, não passa duma adaptação civilizada de certos instrumentos ameríndios de mesma técnica, por exemplo o maracá, dos tupis.

Certas formas poéticas obrigando o canto a uma conformação especial de fraseado, usadas ainda, principalmente no Nordeste, foram decerto influência ameríndia. Barbosa Rodrigues registra uma boa porção de cantos brasílicos, cuja forma se caracteriza por seguir a cada verso da estrofe um refrão curto:

> *Cha munhan muracé,*
> *Uacará.*
> *Cha ricó ce "patrão",*

1. Capítulo presente no livro *Pequena história da música*, que aborda, além da música popular brasileira, música erudita, instrumental, clacissismo e romantismo e música da Antiguidade, apenas para citar alguns temas. Conferir *Pequena história da música*, publicado em 2015 pela Nova Fronteira.

*Uaracá.*
*Che re raçõ arama,*
*Uacará.*

Esse processo tem parentesco evidente com muitos cantos atuais. Eis algumas manifestações contemporâneas, semelhantes ao processo brasílico:

SOLO — Ôh, li-li-li-ô!
CORO — Boi Tungão!
SOLO — Boi do Maioral!
CORO — Boi Tungão!
SOLO — Bonito não era o boi...
CORO — Boi Tungão!
SOLO — Como era o aboiar. CORO — Boi Tungão! etc.

(Colhido no Rio Grande do Norte).

Você gosta de mim,
Maria,
Eu também de você,
Maria,
Vou pedir pra seu pai,
Maria,
Pra casar com você,
Maria.

(Colhido em São Paulo).

Vou-me embora, vou-me embora,
Prenda minha,
Tenho muito que fazer;
Tenho de ir parar rodeio,
Prenda minha,
Nos campos do Bem-querer!

(Rio Grande do Sul).

Não tem dúvida que fórmulas parecidas com estas frequentam o folclore português e hispano-americano às vezes (mesmo o *prenda mia* aparece nos hispano-americanos do Sul); porém a sistematização do refrão curto, duma só palavra, repetido no fim de cada verso (até coincidindo a escolha frequente de nomes tirados da fauna, pra fazer o refrão) possivelmente é reminiscência de maneira ameríndia.

Entre as nossas formas coreográficas, uma das mais espalhadas é o cateretê ou a catira, dança de nome tupi. Anchieta pra catequizar os selvagens já se aproveitava dela, parece, deformando-lhe os textos no sentido da religião católica. Caso mais indiscutível ainda dessa fusão ameríndio-jesuítica é o do cururu. Em certas festas populares, *religioso-coreográficas*, tais como a dança de São Gonçalo e a dança de Santa Cruz, pelo menos nos arredores de São Paulo, após cada número do cerimonial, dança-se um cururu. Ora os processos coreográficos desta dança têm tal e tão forte sabor ameríndio, pelo que sabemos de danças brasílicas com a cinematografia atual, que não hesito em afirmar ser o cururu uma primitiva dança ameríndia, introduzida pelos jesuítas nas suas festas religiosas fora (e talvez dentro) do templo. E esse costume e dança permaneceram vivos até agora.

Nossa raça está fortemente impregnada de sangue guarani. Os brasílicos empregavam e empregam frequentemente o som nasal, cantando. Esta nasalação do canto é comum ainda agora em quase todo o país, embora seja possível distinguir pelo menos dois timbres nela, um de franca origem africana, outro já peculiarmente nosso.

A tendência para o canto amoroso é *dominantíssima* em Portugal. No fim do século XVIII o viajante M. Link constatava que *as cantigas do povo português são queixosas; no geral contam penas de amor, raramente são sensuais e muito pouco satíricas*. Pois essa tendência foi fortemente contrariada aqui. Se a pena de amor frequenta bem a cantiga brasileira (como aliás frequenta a cantiga de todos os povos do mundo), ela não toma entre nós uma predominância absoluta. Chegou mesmo a se domiciliar em certas formas particulares: a modinha que geralmente é queixume e a toada cabocla. O lundu, pelo contrário, no geral trata o amor comicamente. Algumas vezes é *sem-vergonhamente* sensual. Porém nas outras formas, a variedade de assunto é vasta. No meu "Ensaio sobre música brasileira", um despropósito dos documentos expostos não trata de amor. Não vou até afirmar que isso provenha de influência ameríndia exclusiva, porém ainda aqui me parece incontestável que os temas quase nada amorosos do ameríndio, e o sangue dele correndo em nós, levaram a gente a uma contemplação lírica mais total da vida.

Também os *cabocolinhos*, os *caiapós*, etc., nomes de vários bailados atuais do país, são de inspiração diretamente ameríndia, e às vezes, representam cenas da vida tribal. E essa mesma inspiração transparece em certos ritos feiticeiros da religiosidade nacional, como o catimbó nordestino e a pajelança nortista.

E também em várias formas do nosso canto popular, até em cantos dançados, é frequente o movimento oratório da melodia, libertando-se da quadratura estrófica e até do compasso. Nos martelos, nos cocos, nos desafios, o ritmo discursivo é empregado. Donde nos veio isso? Do português não veio. Frequenta a música afro-brasileira dos lundus, porém com raridade. Nos ameríndios é constante.

Porém sobre isso nasce uma pergunta. Aparecem, quando senão quando, no canto popular brasileiro, frases oratórias, livres de compasso, e que até pelo desenho melódico se assemelham a fórmulas de cantochão. Não será possível a gente imaginar uma sobrevivência do gregoriano em manifestações assim? A parte dos padres foi enorme na formação da vida brasileira. Quais eram os cantos que eles cantavam e faziam os índios cantar nos dois primeiros séculos? Na certa muitos eram peças gregorianas. Se não possuímos provas textuais disso, elas existem alhures. O estabelecimento muito cedo da imprensa, no México, nos conservou a "Salmodia" (1583) de frei Bernardino de Sahagún, em que há melodias gregorianas introduzidas nos *areítos* dos nativos. Até hoje as peças gregorianas são empregadas popularmente e prodigiosamente deformadas em nosso país todo. Não tem moça possuindo voz cantante, nem menino cantador, que não sejam colhidos pelos padres, nas vilas e povoados do interior, pra engrolar um credo e um glória em cantochão. Uma feita, em Fonte-Boa, no Amazonas, eu passeava sob um solão de matar. Saía um canto feminino duma casa. Parei. Era uma gostosura de linha melódica, monótona, lenta, muito pura, absolutamente linda. Me aproximei com a máxima discrição, para não incomodar a cantora, uma tapuia adormentando o filho. O texto que ela cantava, língua de branco não era. Tão nasal, tão desconhecido, que imaginei fala de índio. Mas era latim... de tapuio. E o *acalanto* não passava do *tantum ergo* em cantochão. Uma sílaba me levou pra outra e, mais intuição que realidade, pude reconhecer também a melodia. A deformação era inconcebível. Porém, jamais não me esquecerei da comoção de beleza que recebi dos lábios da tapuia. O cantochão vive assim espalhadíssimo nos bairros, nas vilas, por aí tudo no interior. Será possível talvez perceber na liberdade rítmica de certos fraseados do nosso canto, e mesmo em algum dos seus arabescos melódicos, uma influência gregoriana.

A influência portuguesa foi a mais vasta de todas. Os portugueses fixaram o nosso tonalismo harmônico; nos deram a quadratura estrófica; provavelmente a síncopa que nos encarregamos de desenvolver ao contato da *pererequice* rítmica do africano; os instrumentos europeus, a guitarra (violão), a viola, o cavaquinho, a flauta, o oficleide, o piano, o grupo dos arcos; um dilúvio de textos; formas poético-líricas, que nem a moda, o acalanto, o fado (inicialmente dançando); danças que nem a roda, infantil; danças iberas que nem o fandango; danças-dramáticas que nem os reisados, os pastoris, a marujada, a chegança, que às vezes são verdadeiros autos. Também de Portugal nos veio a origem primitiva da dança-dramática mais nacional, o bumba meu boi.

E em várias cantigas populares tradicionais ou modernas do Brasil, até agora aparecem arabescos melódicos lusitanos, ora puros, ora deformados.[2]

O africano também tomou parte vasta na formação do canto popular brasileiro. Foi certamente ao contato dele que a nossa rítmica alcançou a variedade que tem, uma das nossas riquezas musicais. A língua brasileira se enriqueceu duma quantidade de termos sonorosos e mesmo de algumas flexões de sintaxe e dicção, que influenciaram necessariamente a conformação da linha melódica. Até hoje surgem cantos, principalmente danças cariocas e números de congos e maracatus, em que aparecem palavras africanas. Do dilúvio de instrumentos que os escravos trouxeram para cá, vários se tornaram de uso brasileiro corrente, que nem o ganzá, puíta ou cuíca e o tabaque ou atabaque. Instrumentos quase todos de percussão exclusivamente rítmica, eles se

---

2. É curioso notar, porém, que o mais importante da herança musical portuguesa é europeu e não exatamente lusitano, tonalidades, harmonia, ritmos, etc. A própria guitarra portuguesa não se aclimou entre nós, e lhe preferimos a guitarra espanhola, nosso querido violão... O que mais incorporamos à nossa música popular foram os textos das canções, sejam acalantos, rodas, quadrilhas soltas e os já quase inteiramente esquecidos *romances velhos*. A respeito de quadrinhas soltas, então, se muitas foram modificadas aqui e adaptadas antropogeograficamente à nossa realidade, é incontestável que a nossa produção parece muito diminuta. Em todo caso há que considerar a reciprocidade de influências. É certo que o Brasil deu musicalmente muito a Portugal. Lhe demos a sua dança e canção popularesca mais conhecida, o fado. Provavelmente lhe demos a modinha também. Em todo caso é certo que a *modinha brasileira*, assim chamada em Portugal, obteve lá um sucesso formidável, era a preferida de viajantes como de reinós. Ainda lhe demos parte da nossa rítmica, por exemplo, o ritmo chamado *tangana*, americano, peculiar da habanera. E em numerosas coletâneas musicais folclóricas de Portugal, não é raro a gente encontrar peças que o antologista reconhece serem peças idas do Brasil para lá. Quanto ao caso de pastoris, marujadas e Cheganças de Mouros, se a ideia tradicional é portuguesa e nelas é possível assinalar um romance velho como a "Nau Catarineta", algum verso português ou melodia aportuguesada, não é menos certo que, tais como existem, estes autos e danças-dramáticas foram construídos integralmente aqui, textos e músicas, e ordenados *semieruditamente* nos fins do século XVIII, ou princípios do século seguinte.

prestam a orgias rítmicas tão dinâmicas, tão incisivas, contundentes mesmo, que fariam inveja a Stravinski e Villa-Lobos. Tive ocasião de assistir, no carnaval do Recife, ao maracatu da Nação do Leão Coroado. Era a coisa mais violenta que se pode imaginar. Um tirador das toadas e poucos respondedores coristas estavam com a voz completamente anulada pelas batidas, fortíssimo, de 12 bombos, nove gonguês e quatro ganzás. Tão violento ritmo que eu não o podia suportar. Era obrigado a me afastar de quando em quando para... pôr em ordem o movimento do sangue e do respiro. O landu ou lundu foi inicialmente uma dança africana, *a mais indecente* diz De Freycinet. E quase sempre no texto, "Eu gosto da negra", "Ma Malia" (vide meu "Ensaio" citado), "Mulatinha do caroço no pescoço", o lundu ainda guarda memória da origem africana.

Se nos movimentos coreográficos de certas danças-dramáticas nossas ainda é possível distinguir processos de danças cerimoniais ameríndias, tais como as descritas por Léry, Martius e outros: o jeito africano muito lascivo de dançar, permaneceu na índole nacional. As danças mais generalizadas de toda a América são afro-americanas: o maxixe, o samba, a habanera, o tango, o foxtrote.

Também danças-dramáticas os negros criaram aqui, num misto de saudade dos seus cortejos festivos da África e imitação dos autos portugueses. Os maracatus e os congos são as que predominaram mais até agora. Muitos dos nossos cantos de feitiçaria, tão bonitos e originais, também são de influência genuinamente africana.

Parece que a música foi o derivativo principal que os africanos tiveram no exílio da América. Inundaram o Brasil de cantos monótonos. Os brancos, cuja vida não tinha onde gastar dinheiro (Capistrano de Abreu), mostravam a riqueza pelo número de escravos. Destes, os que sobravam em casa, eram mandados sós e principalmente aos grupos ganhar para os senhores, fazendo comissões, transportando coisas de cá para lá, nas cidades. Pra uniformizarem o movimento em comum e facilitar assim o transporte das coisas pesadas, cantavam sempre e *as ruas ressoavam, ecoando a bulha das vozes e das cadeias* (Foster; J. Luccock; príncipe de Wied). Os negros escravos e os mulatos se especializavam mesmo na música. Manuel Querino, relatando as ocupações dos escravos na Bahia, escreve textualmente: o escravo *não tinha tempo a perder; nas horas vagas estudava música, de oitiva*.... Alexandre Calcleugh registra o seguinte anúncio carioca "Quem quiser comprar hum Escravo próprio para Boliero, que sabe tocar Piano e Marimba e alguma cousa de Música e com princípio de alfaiate, desejasse á botica da Travessa da Candelária, canto da rua dos Pescadores, n. 6". De Freycinet cita Joaquim Manuel, cabra tão cuera no violão que deixava longe qualquer guitarrista europeu. O nosso talvez maior modinheiro do século XIX, Xisto Bahia, era mulato. Por tudo isto é fácil de perceber que a influência negra foi decisiva na formação da nossa música popular.

Outra influência vasta foi a dos espanhóis. Nossa música possui muitos espanholismos que nos vieram principalmente por meio das danças hispano-africanas da América: habanera e tango. Estas formas dominaram fortemente aqui na segunda metade do século XIX, e foram, junto com a polca, os estímulos rítmico e melódico do maxixe. Nesse tempo a habanera se espalhou formidavelmente pela América toda. Eis uma introdução instrumental de habanera peruana oitocentista, que se liga diretamente às introduções, de maxixes nossos:

(Alberto Friedenthal, "Stimmen der Völker", III Berlim)

Na realidade, foi de uma complexa mistura de elementos estranhos que se formou a nossa música popular. E não dei todos.

A modinha, ao contato da valsa europeia, modificou-se profundamente. Hoje em dia bom número das modinhas populares são em três por quatro e valsas legítimas. A polca, a mazurca, a *schottish* se tornaram manifestação normal da dança brasileira. A modinha algumas vezes se reveste do corte rítmico da chotis. Nos fandangos *bailados* dos caipiras paulistas de Cananeia (mais distintos que os *batidos*, em que existe bate-pé e bate-mão), me informaram que, sob outros títulos, subsistem ainda a figuração coreográfica da valsa (*rocambole*, *chamarrita*), da polca (*dandão*), da mazurca (*faxineira*). Às vezes em nosso canto passam acentos nórdicos, suecos, noruegueses... Como que vieram parar aqui? Acentos idênticos também se encontram em Portugal e principalmente Espanha.

Às vezes um canto nosso é... russo duma vez. Outras vezes é um canto russo que, mudando as palavras, todos tomariam por brasileiro. Se observe a brasilidade enorme desta versão do canto "Troyka", me dada pelo pintor russo Lasar Segall:

Tantas e mais influências vinham e vêm ainda ornar a nossa raça nascente. Raça também muito misturada, o certo é que demonstrava desde logo forte musicalidade. Grande número de viajantes estranhos atestaram a propensão do brasileiro para a música. Von Weech afirma que *a musicalidade é inata no povo* (do Brasil); e lamenta a nossa ignorância e leviandade, que não nos deixa completar estudos musicais sérios e nos leva a fazer música *quase como os canários*. Saint-Hilaire, assistindo em Minas uma ópera composta e representada por brasileiros, comenta que *não tem nada de extraordinário a gente esbarrar com músicos no Brasil, pois qualquer vila os possui*. Schlichthorst, comentando a psicologia do penetra de assustados, no Rio de Janeiro, diz que a especialidade dele é *possuir talento musical* — o que o torna logo tratado por todos na palminha das mãos. E reconhecendo embora que não havia então, no país, virtuoses excepcionais, verificava que *todos os brasileiros sem exceção gostam da música*. Martius também comentando jocosamente em 1817 uma representação em São Paulo da opereta "Le déserteur" (provavelmente a ópera cômica de Monsigny?) por mulatos e pretos, afirma em seguida que guarda *opinião muito favorável sobre o talento musical dos paulistas*. E seguem assim os viajantes, unânimes em louvar a musicalidade do brasileiro. Essa musicalidade é real; porém, até agora deu melhores frutos no seio do povo inculto que na música erudita. Muito mal nos está fazendo a falta de cultura tradicional, a preguiça em estudar, a petulância mestiça com que os brasileiros, quer filhos de algo, filhos de bandeirantes ou de senhores de engenhos, quer vindos proximamente de italianos, de espanhóis, de alemães, de judeus russos, se consideram logo gênios insolúveis, por qualquer habilidade de canário que a terra do Brasil lhes deu. Nos consola é ver o povo inculto criando aqui uma música nativa que está entre as mais belas e mais ricas.

Pois colhendo elementos alheios, triturando-os na subsconsciência nacional, digerindo-os, amoldando-os, deformando-os, se fecundando, a música popular brasileira viveu todo o século xix, bem pouco étnica ainda. Mas no último quarto do século principiam aparecendo com mais frequência produções já dotadas de fatalidade racial. E, no trabalho da expressão original e representativa, não careceu nem cinquenta anos: adquiriu caráter, criou formas e processos típicos. Manifestação duma raça muito variada ainda como psicologia, a nossa música popular é variadíssima. Tão variada que às vezes desconcerta quem a estuda. As formas principais que emprega são: na lírica a moda, a toada, e o romance, de caráter rural; a modinha e o lundu, no geral de caráter urbano. Na dança: o maxixe, fixado no Rio de Janeiro no último quarto do século XIX; o cateretê; a valsa; o samba, ou baiano, como é chamado atualmente no Nordeste. Na dança-dramática se distingue o bumba meu boi (Nordeste) ou boi-bumbá (Amazônia) em que as fadigas do pastoreio se transformaram em arte, celebrando ritualmente a morte e ressurreição do boi. Subsistem ainda, bem generalizados no país, os congos e os congados, bem como, da Bahia para o Norte especialmente, os bailados de vário nome popular, que celebraram as lutas de cristãos e mouros, e os trabalhos do mar. E pela importância que podem ter, resta citar entre as danças-dramáticas, os reisados de Natal, os cabocolinhos e os maracatus carnavalescos. Uma forma de canto social importante é o coco, existente em todo o Nordeste, utilizando sistematicamente o processo responsorial, solo e coro. Quase sempre dançando.

Os instrumentos da preferência popular são: fora da cidade, a viola, a sanfona, o ganzá, a puíta; na cidade o violão, a flauta, o oficleide, a clarineta e ultimamente o saxofone, por influência do jazz, além da percussão. Possuímos agrupamentos orquestrais típicos. Alguns já registrei no meu "Ensaio" citado. Luciano Gallet registra como agrupamento característico das serestas e choros cariocas a composição: clarineta, oficleide, flauta, trombone, cavaquinho, bateria. Nos bois nordestinos o acompanhamento tradicional é rebeca e viola. Nos cocos só aparece a percussão, representada pela puíta, o munganguê, o reco-reco e o ganzá.

Choros, serestas, são nomes genéricos aplicados a tudo quanto é música noturna de caráter popular, especialmente quando realizada ao relento. O choro implica no geral participação de pequena orquestra com um instrumento mais ou menos solista, predominando sobre o conjunto.

Uma fonte importante da música popular é a feitiçaria, com suas cerimônias em que o canto e a dança dominam. Nos cultos de direta origem africana (candomblé, macumba, xangô) até hoje se consegue recolher música originalíssima como caráter, que, sem ser legitimamente africana, foge bastante das nossas constâncias melódicas populares. Também no catimbó nordestino, numerosos cantos são de notável originalidade de caráter, sem que nos seja possível atribuir a qualquer tradição ameríndia, base de inspiração desse culto, essa originalidade musical.

As manifestações popularescas que tiveram maior e mais geral desenvolvimento são, desde o século passado, as modinhas, os maxixes e sambas urbanos que andam profusamente impressos. No século xix distinguiram-se mais como inventores de modinhas, Xisto Bahia, que era também ator, Mussurunga, Almeida Cunha, Carlos Dias da Silva, Soares Barbosa. Nos maxixes, salientaram-se duas figuras valiosas: Ernesto Nazaré, fixador do maxixe de caráter carioca, e Marcelo Tupinambá que deu a essa dança uma expressão mais geral, entre cabocla e praceana. Especializaram-se ainda Donga, Sinhô e Noel Rosa, as figuras contemporâneas mais interessantes do samba impresso. Menção especial deve ser feita a Francisca Gonzaga, tipo curioso de compositora cujas danças e cantigas, muitas dotadas de caráter brasileiro forte, mereciam maior atenção e respeito aqui. A atividade musical dela é tipicamente oitocentista. Figuram com destaque entre os nossos compositores de operetas e revistas do Segundo Império: Henrique Alves de Mesquita, Ábdon Milanez, F. Alvarenga, Cardoso de Menezes. Entre os cantadores contemporâneos corre a fama de Manuel do Riachão, nordestino diz que invencível no desafio. Catulo Cearense, tipo rastaquera de nordestino *carioquizado*, gênio sem eira nem beira, tanto na modinha como especialmente na toada e também no romance, inventou algumas das mais admiráveis criações da poesia cantada popularesca.

## Dicionário musical brasileiro[1]

**Canção** (*s. f.*) Composição em verso. Na *Pequena história da música*, Mário de Andrade analisa a canção europeia: "O século XVI é a fase da canção. Porém agora o que se entende por canção não é uma toada de gênero popular, nem se inventou ainda a mania de imitar *popularescamente* o povo. Trata-se duma forma desenvolvida e aprimorada, um pouco amaneirada mesmo, como poesia. Poeticamente há grande variedade na forma de estrofes, cada estrofe em geral seguida por estribilho. O tamanho das canções também varia muito, e se algumas são pequeninas, outras não acabam mais, de tamanhas. Seus temas preferidos são o amor... e o amor. Em geral o amor. Porém amor cortês, cheio de delicadezas e *grã-finismo* de expressão. Às vezes se canta a natureza também.

Musicalmente a canção é sistematicamente tratada, por todo o século, em polifonia que vai de duas até seis vozes. Em todo caso, dentro dessa concepção polifônica, o *madrigal* itálico, a *chanson* francesa, a *song* inglesa, o *lied* alemão, trazem o germe da melodia acompanhada. Tanto o sentido individualista dos textos, como a evolução cada vez mais harmônica da polifonia, propunham, desde já, o canto solista acompanhado por instrumento. E a canção avassala a criação artística do tempo. Assim como o século anterior fora a fase da missa, o século XVI é a fase da canção. Se os artistas, ainda até o século XVIII escreverão muita música religiosa, o que os particulariza e define o espírito novo é a música profana.

1. Mário de Andrade compilou neste dicionário os principais termos da música brasileira, com todos os vocábulos próprios e características históricas curiosas. Conferir *Dicionário musical brasileiro*, Ministério da Cultura, 1989.

**Lundu**  (*s. m.*) Canto e dança populares no Brasil durante o século XVIII, introduzidos provavelmente pelos escravos de Angola, em compasso 2/4 onde o primeiro tempo é frequentemente sincopado. No início era uma dança cuja coreografia foi descrita como tendo certa influência espanhola pelo alteamento dos braços e estalar dos dedos semelhante ao uso de castanholas tendo, no entanto, a umbigada característica. A coreografia foi aproximada por alguns autores às do samba e do batuque.

O *lundu canção* foi conhecido durante o primeiro Império e, no século XIX, depois de ter frequentado os salões familiares, caiu em desuso. A falta de documentos antigos dificulta a caracterização do lundu como forma; as peças encontradas apontam como traço comum o emprego da síncopa.

O acompanhamento do canto e da dança, que era feito por instrumentos de cordas dedilhadas, foi substituído, no salões, pelo piano.

Era conhecido em Portugal desde o século XVI e aí condenado.[2] Nessa mesma obra citada,[3] vem que Stafford na sua *History of Music* de 1830, dava como cantos nacionais portugueses e lundus e as modinhas. Teófilo Braga[4] mostra que Tolentino fala na existência dum *lundum chorado* bem suave. A expressão "lundu chorado" corre também no Brasil. Numa paródia à "Judia" de Tomás Ribeiro, feita por Antônio Lopes Cardoso em 1870 na Bahia, vem a estrofe:

Dorme! — eu descanto a regalar-te o ouvido Com o sustenido desta voz nasal! Dorme e não ouça o lundu chorado de quem torrado não possui real.[5]

Também o cronista pernambucano Lopes Gama fala na existência praceana, pela segunda metade do século XVIII, do lundu chorado "que se dançava às umbigadas ao som da cítara e viola".[6]

2. Braga, J., *História da poesia popular*, vol. 2, 1902, p. 445.
3. Na página 447.
4. Op. cit., p. 484.
5. Querino, M. *A Bahia de outr'ora*, 1922, p. 122.
6. Costa, F., *Folclore pernambucano*, RIHGB, 1908, p. 221.

Um escritor português do século XIX[7] discrimina entre os lundus dançados em Portugal por importação do Brasil, o lundu chorado e o lundu do Rio.

Dum trecho pernambucano de 1809, citado em Pereira da Costa: "Sobressaía a toda essa penitente chusma um duende, sob a forma de demônio, ou diabo em carne, o qual dançando continuamente o *desonestíssimo* lundu com todas as mutanças da mais lúbrica torpeza, acometia com mingadas (*umbigadas*) a todos indistintamente."[8]

Também de lundu fala o Conde de Pavolide, Dão José da Cunha Grã Ataíde e Melo, atribuindo a *brancos e pardos* e não o achando tão censurável assim ao passo que reprovava formalmente e procurara destruir os "bailes [...] que os pretos da Costa da Mina fazem às escondidas ou em casas ou roças com uma preta mestra, com altar de ídolos etc."[9]

Em 1838, Lopes Gamas descreveu: "sempre debaixo do compasso do mais rigoroso lundu, entravam pela igreja e ali, postas em redor de tal bandeira, saracoteavam as ancas, reboleavam-se, davam umbigadas, puxavam fieira".[10]

Nina Rodrigues descrevendo o lundu em 1895 ainda o cita como uma "dança de pretos, muito indecente, na qual se faz mil espécies de movimento com o corpo." Afirmando que, na lavagem do Bonfim, na quinta-feira antecedente à festa, os pretos cantavam lundus e cantos de feitiçaria a Obalatá dentro da igreja.[11]

Ao publicar a melodia de um lundu nordestino no *Ensaio sobre música brasileira*,[12] Mário de Andrade acrescenta:

A palavra *lundu* está desaparecendo. Aqui no centro do país indica especialmente uma cantiga praceana de andamento mais vivo que o da

---

7. Op. cit., p. 22, sem nomear.
8. Op. cit., p. 200.
9. Op. cit., p. 204.
10. Op. cit., p. 195.
11. *L'animisme fetichiste des nègres de Bahia*, 1900, p. 142.
12. 1972, p. 142.

modinha e com texto de caráter cômico, irônico, indiscreto. O *Gosto da negra* que se segue, corresponde bem ao que chamamos por aqui de lundu. No Norte lundu ainda permanece uma dança, me informa o prof. José Domingos Brandão, de Belém, autor de duas *Rapsódias brasileiras pra orquestra*.

Além destas canções, Mário de Andrade trabalha em 1928 com o "Lundu do escravo", colhido em Araraquara, na *Revista de Antropofagia*, em artigo que depois figurará em *Música, doce música*. Na coletânea *Modinhas imperiais*, de 1930, inclui um lundu para piano. Quatro lundus colhidos no Nordeste foram por ele destinados a *Na pancada do ganzá*.[13]

*Enlevou-se em lundus*, frase feita expressiva da insinuação que levou alguém a um determinado ato em Turquel (Portugal).[14]

A palavra ainda foi registrada com as seguintes grafias: *landum, londum* e *lundum*.[15]

**Marcha**  (*s. f.*) Gênero de composição caracterizado pela escrita em compasso binário, ou mais raramente quaternário, com o primeiro tempo fortemente acentuado, principalmente instrumental. No Brasil a marcha popularizou-se nos blocos carnavalescos como marcha-rancho e marcha de salão e segue a fórmula introdução instrumental e estrofe-refrão.

Renato Almeida salienta que não só no Brasil a marcha passou de acompanhamento de passos militares a dança, citando o musicólogo Hugo Riemann que aproxima o gênero à *polonaise* e à *intrada*.[16]

---

13. *As melodias do boi e outras peças*, org. Oneyda Alvarenga, 1987, p. 131–135. Dentre estes, o intitulado "Corujinha" mereceu um verbete à parte.
14. Ribeiro, J., "Linguagem popular de Turquel", Rev. *Lusitana*, 28 (¼); 156, 1930).
15. ALMEIDA, R. *História da música brasileira*, 1942, p. 72-78; CARVALHO, P. *História do fado*, 1903, p. 5; MENDONÇA, R. *A influência africana no português do Brasil*, 1935, p. 210; RODRIGUES, J. *Os africanos no Brasil*. 1932, p. 265.
16. ALMEIDA, R. *História da música brasileira*, 1942, p. 193.

**Maxixe** (s. m.) Dança e canto populares em voga no Brasil a partir do século passado. "Foi da fusão da habanera, pela rítmica, e da polca, pela andadura, com a adaptação da síncopa afro-lusitana que originou-se o maxixe".[17,18]

**Origens do termo, dança e canto**  O maxixe foi pela primeira vez dançado no palco em 4 de fevereiro de 1876, na paródia de Artur Azevedo *A filha de Maria Angu, à La Fille de Mime Angot*.

Foi levado à cena do Phoenix Dramático. Tinha por assunto a questão do livro a ação começava na Praça do Mercado, entre quitandeiros. Aparecia no quadro intitulado "Legume", de que falava Chiquinha Gonzaga. A protagonista foi Rosa Villiot, era a Clarinha Angu. A atriz Delmary fazia o papel de Chica Valsa e o ator Silva o de Angelo Bitu. Não há referência ao ator que teria feito o papel de maxixe, pois, com certeza era papel bem secundário. A crítica não se refere a ele.[19]

Observações: é provável que fosse o ator que na peça fez o papel de maxixe quem dançasse no baile de carnaval dos Estudantes de Heidelberg. Talvez pelo local e pela natureza do baile, ele o tivesse feito com tal exagero que tivesse despertado a atenção e atraído imitadores. Pela data da representação da peça o carnaval estaria próximo.[20]

Villa (Lobos) descobriu, julga ter descoberto a origem do maxixe. Um afinador da Casa Arthur Napoleão que tem 84 anos e um certo Comendador de igual idade assistiram ao nascimento do maxixe num clube carnavalesco, o primeiro que se fundou no Rio. *Maxixe* era o apelido do sujeito que nesse clube dançou o lundu de um certo jeito particular que imitado depois por outros

---

17. Andrade, Mário de. Ernesto Nazaré. *Música, doce música*, 1976, p. 125.
18. Nota da pesquisa: Acolhemos para este termo documentação de Mário de Andrade aqui selecionada e organizada segundo: origens do termo, dança e canto, análise rítmico-melódica; influências estrangeiras; a evolução do gênero.
19. *Revista Ilustrada*, 5 de fevereiro de 1876.
20. "Comunicação feita ao professor Mário de Andrade por Mariza Lira". Datiloscrito, papel ofício sem assinatura.

deu no maxixe. A música de lundu evoluiu da mesma forma, impulsionada pelo movimento rítmico da dança. Os dois velhos conhecem o primeiro *lundu-maxixe*. Villa tomou nota de tudo. Será mesmo assim? Pelo menos é razoável.

O Clube parece que se chama Altenberg ou coisa parecida.[21]

A versão do Villa sobre o aparecimento do maxixe se pode aceitar. O caso é possível. Se você arranjasse um jeito de controlar o caso, as duas opiniões concordantes sobre o aparecimento do maxixe seriam suficientes pra gente dar como certa a versão. A tal sociedade carnavalesca de que você fala qual é, são os Estudantes de Heildelberg e creio mesmo que tenho ou no Melo Morais Filhos, ou num artigo na *Kosmus*, a data em que essa sociedade existiu.[22]

Os Estudantes e Heidelberg são dali por volta de 1879, 80.

Um tal de Américo Fluminense na Kosmos de fevereiro de 1907 fez uma barafunda medonha e diz que de aí por 1878 apareceu a Sociedade Bohème e em seguida os Estudantes; afirma mais adiante que nesse mesmo 1878 só restavam em campo os Fenianos, Tenentes e os Democráticos. Memo Morais Filho, outro leviano, confessa no entanto não poder precisar de datas, porém do escrito dele se depreende que é nessa década de 1870 a 1880 que as Sociedades antigas viveram com esplendor. Isso concorda com as informações que tive, pois os informantes, um deles ao menos, que tem agora 84 anos, estaria na sensual e festeira casa dos trinta — *Ora o Cruz Perigo de Nazareth*, que deve ser da última década do século XIX (princípio ou menos por 1889) já a melodia é bem menos nossa e o ritmo acompanhante traz a síncopa do primeiro tempo (segunda e terceira partes) que viria a dar na constância rítmica do acompanhamento do maxixe.

Encontrei uma referência ao maxixe (a mais antiga que conheço) num folhetim do ator Vasques, de 24 de janeiro de 1884, na *Gazeta da*

---

21. Bandeira, Manuel. Trecho de carta a Mário de Andrade. Manuscrito, sem indicações de local, data e assinatura, in: *Dic. mus. brasileiro*, IEB-USP.
22. Andrade, Mário de. *Cartas a Manuel Bandeira*, 1958, p. 147, 10 out. 1926.

*Tarde*, na qual se vê que a dança desse nome já era conhecida, mas se dançava ao som de uma polca-tango. Será que ainda não haveria a música característica, que realmente fusiona aqueles dois elementos? A indicação desse folhetim, encontrei — sem data — no livro do Procópio sobre o Vasques e, depois, na Biblioteca Nacional, identifiquei a citação e a data.[23]

Só uma vez encontrei neles (os *Folhetins*, de França Júnior) a palavra (maxixe), no sentido de festa caseira, sinônimo de forrobodó e chinfrim: 'não há habitação modesta onde no dia seguinte ao de um *forrobodó, maxixe*, ou *chinfrim*, como se diz na gíria, não se veja a dona de casa a mandar a negrinha empastar de barro as manchas de gordura que sujam o soalho". [...] Tenho um amigo de perto de 70 anos que chegou ao Rio em 1885 onde já encontrou o maxixe. Sendo os *Folhetins* de 1876, pode-se concluir que a dança e o nome nasceram dentro daquela década.[24]

É muito importante que o Dicionário de Baurepaire-Rohan de 1889 já dá o maxixe como espécie de batuque, no Rio Grande do Sul. Em tão pouco tempo teria ido pra lá e se popularizado assim!

*A Semana* (Campinas), n. 16 de junho de 1894, noticiando a representação da revista *O Itararé* falava que "a música é leve e agradável, apenas lhe notamos o abuso (!) dos tangos e lundus". Era bem o maxixe como música esses tangos de então, mas o nome, como Nazareth conservaria toda a vida pros seus maxixes, era ainda tango. Mas o n. 14 de julho seguinte da mesma revista, elogiando a atividade da casa editora Vieira Machado e c., diz que esta não limitava a nossa atividade a imprimir "quanta música banal venha à cabeça dos nossos fazedores de quadrilhas, polcas e valsas."

De maxixe, de tango, nem pio. Aliás, nem de lundu também. Mas é porque este não se dança talvez...

---

23. Almeida, Renato. *Carta a Mário de Andrade*, 26 jul, 1941, in: Dic.mus.brasileiro, IEB-USP.
24. Manuel Bandeira, *O sonho de França Júnior*, Bol. de Ariel, 4: 16, 1934

Em 1907 já estava definitivamente introduzido na alta sociedade brasileira, pois num baile oferecido ao ex-presidente argentino Julio Roca o maxixe se dançou.[25]

Etimologia fantasista. Entre os incas tem uma febre acompanhada de tremores e mexidos de corpo, chamada *chuchu*. Chuchu = maxixo. Maxixo = maxixe.

— Vamos dançar a dança do fulano.

E de tanto dizerem a *dança do maxixe*, veio por facilitação a falarem só no *maxixe*, da mesma forma que o *gallopavo* achado no México pela expedição de Hernando Cortez, denominado pelos nossos cronistas (Gandavo, Fernão Cardin) *galo do Peru*, se veio a falar só em *peru*.

Essa mistura de religiosidade, sensualidade, política, etc. que se encontra nas letras de certas cantigas dançadas, dos maxixes em geral provém talvez do caráter impovisatório dessas letras? Talvez. Odum e Johnson no seu livro deles *The Negro and his Songs* observam que *many songs owe their origins to the negro´s keeness at improvisation*. Ora, o maxixe pelo coreograficamente parece ter sido uma improvisação. (Informação do Villa).[26]

Ausência de religiosidade cristã se exprimindo musicalmente entre nossos negros. Não temos os *spirituals* dos negros norte-americanos. Porém a religiosidade misturada se mostra em certos maxixes e é certo que então os santos do cristianismo dotados dos nomes mais estrambólicos se misturam com nomes de antigos deuses africanos. Assim, num recente maxixe de Donga, se misturam Xangô, que não pode ser senão o Shango, deus do trovão entre os iorubás que, sabemos, vieram escravos em grande número pra cá, e Ogum. Ora, este Ogum, segundo explicação de negros, é São Jorge.

A própria coincidência tradicional de ser a época de carnaval

---

25. V. Rossi, *Cosas de negros*, 1926, p. 179
26. Odum, Howard W. e Johnson, Guy B. 1925, p. 153.

a escolhida pro lançamento de maxixes novos que irão servir pro gasto do ano parece provar que o maxixe é eminentemente carnavalesco e proveio do carnaval.

**Análise rítmico-melódica**  Reparar que as antecipações de finais de frases, fazendo-as terminar antes da parte lógica do tempo forte em que teoricamente deviam cair, fenômeno que só duns cinco anos pra cá principiou a se manifestar na música de dança impressa e de que o Souto parece ser o primeiro (tem o *Bem-te-vi* do Pernambuco), reparar que já aparece em milongas clássicas montevideanas, como *La canaria de canelones* e *Pejerrey con papas*.[27] Talvez a necessidade fisiológica da síncopa nos tenha levado a essa admirável originalidade rítmica, a todos nós descendentes de negros e vivendo no novo mundo. (Uma coisa importante a observar é o emprego síncopa pelos negros africanos que não saíram da África. Empregam-na?) — Reparar nas milongas todas citadas em Cosas de negros a tercina característica do 1º tempo, coisa que viria entre nós dar na síncopa. Ora esta síncopa no compasso de 2/4 do maxixe, do tango, da milonga é perfeitamente mais fácil que a tercina que trazia dois ritmos diferentes em polifonia. Seria talvez uma evolução forçada e ignara da tercina? Ou esta uma forçada transposição erudita daquela? Outros tantos problemas que só a pesquisa de arquivos possa elucidar.

**A evolução do gênero maxixe-samba**  Evolução do maxixe pro samba contemporâneo, parece mais uma reação do negrismo étnico do brasileiro contra o branquismo excessivo do maxixe. Notar que, este, quer pelo maxixe carioca (*lignée* Nazareth) quer pelo maxixe estaduano-caipira (*lignée* Tupinambá) apresentava quer pela dureza às vezes excessiva da síncopa (ver maxixes Tamoio e Benga que tenho num disco Victor), quer principalmente

---

27. Rossi V., *Cosas de negros*, 1926, p. 393 e 394. Exemplos 1 e 2; ver p. 306-307.

pela linha melódica, excessivamente branca, pra não dizer, imediatamente europeia (como na maioria dos tangos de Nazareth), excessivo caráter e força europeia. O samba contemporâneo, pela sua maior languidez, diluição de síncopa, pelo seu muito maior dengue rítmico, pelo seu movimento menos duro e andamento um bocado mais nazarento, pelo entrecortado da sua linha melódica cheia de paradas no canto, pela sua volta à dança sempre vocal (o maxixe era muitas vezes exclusivamente instrumental), pela nova *timbração* vocal mais efeminada (ambas estas, timbre vocal e frascado entrecortado, influências do jazz e do blues ianques), é uma reação negra contra o maxixe, é uma volta a nascentes mais idôneas, é uma reprimitivização de nossa dança urbana, por direta influência negra, ou de caracteres negros assimilados por brancos.[28,29]

**Modinha**   (*s. f.*) Canto de salão, urbano, conhecido no Brasil e em Portugal, com versos "a maioria das vezes anônimos. [...] Mas às vezes os poetas bons também eram musicados. Sem insistir sobre o caso famoso do mulato Caldas Barbosa cuja modinhação contumaz se tornou de citação obrigada pelo muito que fez babar de gozo os reinóis, pode-se dizer que desde os mestres da Escola Mineira até fins do romantismo, todos os nossos poetas ilustres foram melodizados em modinhas. Dos grandes nomes românticos os mais aproveitados foram Gonçalves Dias,

---

28. Discografia: Disco Victor n. 33.318. Lado A – CARDOSO, Carlos. *Tamoyo*; Maxixe. Orchestra Victor brasileira. Lado B – SOUZA, s.p. de BENGA: Maxixe, Idem.
29. Bibl.: ALMEIDA, R. *História da música brasileira*, 1942, p. 189; ANDRADE, M. "Chiquinha Gonzaga", Música, doce música, 1976, p. 329-333; IDEM – "Ernesto Nazaré", *Ibidem*, p. 121-130; IDEM. "Ernesto Nazareth", *Ibidem* p. 319-323; IDEM "Influência portuguesa nas rodas infantis do Brasil", *Ibidem*, p. 85; IDEM. Originalidade do maxixe. *Ilustração Musical...* ano 1, nº2, set, 1930, p. 45; FLUMINENSE, A. *O Carnaval no Rio*, Kosmos, 4: s.p, 1907; FRIEDENTHAL, A. *Musik, Tanz und Dichtung bei den Kreolen Amerikas*, 1913, p. 297; LIRA, Mariza. *Carta a Mário de Andrade*, Rio de Janeiro, 6 mar. 1940, manuscrito tinta, in: Documentação sobre maxixe, *Dicionário musical Brasieliro* – IEB-USP.

Álvares de Azevedo e Casimiro de Abreu. [...] Quanto à música importa desde logo salientar um problema curioso e ainda não tratado. E que aliás importa diretamente às origens da modinha. Os documentos e textos mais antigos se referindo a ela já designam peças de salão e todos concordam em dar à modinha uma origem erudita, ou pelo menos da semicultura burguesa. Melo Morais Filho a fixa como "descendente em linha reta da melodia italiana",[30] a sra. Wodehouse também, e Friedenthal reconhece em algumas delas parecença extrema com Mozart."[31]

A modinha se originou só do formulário melódico europeu. A sensualidade mole, a doçura, a banalidade que lhe é própria (e que também coincidia com um estado de espírito e de arte universal no tempo, como já indiquei) só lhe pôde provir da geografia, do clima, da alimentação. E prova disso é que a ela se adaptavam muito bem os estrangeiros parando aqui.[32]

Para Mário de Andrade, "a palavra *moda* pra designar canção vernácula corre desde muito em Portugal." Segundo ele, é "jeito luso-brasileiro acarinhar tudo com diminutivos. A palavra *modinha* nasceu assim. E assim viveu, esporádica, em todos os meios luso-brasileiros até que precisou-se dum termo pra designar as canções de salão em língua materna e música setecentista. Chamaram-lhe *modinhas* por serem delicadas. Ou por terem se tornado eruditamente mais curtas, sem aquela complacência com o tempo que o povo tem nas suas manifestações artísticas. E a palavra, de *modinha*, qualificativo acarinhante, passou a *modinha*, uma forma."

Forma ou gênero? Mais propriamente gênero, gênero de romanças de salão em vernáculo, um tempo, e já agora, um dos gêneros da cantiga popular urbana.

Porque de fato as modinhas imperiais tomaram muitas das formas da ária *sete-e-oitocentista*. As possuímos em duas estrofes

---

30. *Serenatas e saraus*, vol. 3, p. XI.
31. Andrade, M. de. *Modinhas imperiais*, 1980, p. 6.
32. Andrade, M. de., op. cit., p. 7.

A–B em duas estrofes e refrão A–B–C; em estrofe e refrão A–C; em duas estrofes e um *stretto* que faz as vezes de refrão A–B–D; e mesmo algumas eruditíssimas, vestindo o espartilho da *Ária de Capo*, como é o caso de *A conha e a virgem*, de José Amat e mais poucas.

Na divisão rítmica as modinhas variam também bastante, as mais antigas no geral preferindo os cortes binários do C ou do 2/4; as já influenciadas pelo cantabile italiano e pela valsa, no período da decadência indo frequentemente dos compassos compostos ao pleno 3/4 em que mais elas se vulgarizariam no povo. A maioria das nossas modinhas populares atuais, e não as melhores, valisticamente reprisam a ternaridade. Em todo caso o binário da *schottisch*, que o gosto romântico pelo exótico pôs em moda justamente um século faz, entra em boa concorrência com as modinhas-valsas. E isto já parece de pura adaptação popular, pois ao passo que na documentação impressa do Segundo Império as modinhas em 3/4 abundam que é um desespero, não conheço nenhum documento de então seguindo a rítmica da *schottisch*.[33]

Mário de Andrade, analisando as tonalidades de modinhas por ele coligidas, conclui que nelas "há uma certa preferência pelo menor", algumas iniciando no modo maior e concluindo no menor. "O mais impressionante nesse processo maior-menor é que não se trata de tons relativos, como já falei. Ninguém passa de fá maior para ré menor e vice-versa. A tonalidade persevera sempre a mesma na maioria dos casos. [...] Também muito rara é a modulação pra dominante. [...] Mais uma tendência que se repete bem, muito mais que o transporte à dominante, [...] Mais uma tendência que se repete bem, muito mais que o transporta à dominante, é a modulação pra quarto grau. [...] O que não pode se contestar na verificação destas constâncias — e por isso me demorei tanto nelas — passagem de maior pra menor dentro da mesma tonalidade, modulação prá subdominante — é que nos

---

33. Andrade, M. de, op.cit., p. 8-9.

compositores vivos, tão justamente desejosos de se nacionalizar, podiam tirar daí verdadeiros planos tonais que especificaram de jeito característico a maneira modulatória nacional."[34],[35]

Guilherme de Melo[36] sem citar abonação nenhuma (e naturalmente se autorizando das afirmativas do perigoso Teófilo Braga sem quem se estriba por demais) afirma que já no século XVI a "canção romântica (ele quer dizer sentimental) transportando-se de Portugal para o Brasil com o título de modinha, nome derivado de mote ou moda, estaciona-se entre nós até o fim do século XVIII, quando sob a influência das açafatas brasileiras de d. Maria I transportando-se de novo para Portugal, torna-se o gênero de música mais predileto nas distrações do passo". Acervo de verdades e afirmativas levianas. Onde a abonação do título modinha já existente no século XVI. Principalmente já não como diminutivo apenas de moda, mas caracterizando um, senão uma forma, pelo menos um gênero de canções em língua portuguesa? Além disso: que hipótese mais fácil essa da modinha se conservar estacionária e recôndita, até florescer viva nos fins do século XVIII!... E se é verdade que as açafas brasileiras de d. Maria, cantavam ao paço as modinhas de cá, elas foram apenas um dos muitos elementos que contribuíram para divulgação da nossa modinha em Portugal e dentro do próprio paço. O sucesso de Lereno (Caldas Barbosa), a volta à terrinha dos portugueses "brasileiros", os navegantes, os nobres e administradores portugueses repatriados, os escravos (que nem mais tarde a negra brasileira cantando romances tradicionais a Garret) eram outros tantos elementos que levaram pra Portugal todas as forças vivas e valo-

---

34. Andrade, M, de. op.cit. p. 11.
35. Nota da pesquisa: Mário de Andrade colheu vasta documentação complementar à coletânea Modinhas imperiais (1930). Selecionamos, a seguir, notas e bibliografia que acrescentam dados ao estudo por ele publicado. Como texto se pode bem perceber que as modinhas devem ter desde muito uma vida nacional. Nos bailes pastoris mais natigos, nas óperas do "Judeu", a todo momento, os textos de árias, são como forma, temas e sabor, absolutamente sementalhas às modinhas do Primeiro Império.
36. *A música no Brasil*, 1908, p. 146.

res estimáveis da colônia. Dentre estes a modinha estava. E com efeito, como em seguida Guilherme de Melo vem citando todo um sonho de hipóteses de Teófilo Braga explicando a modinha brasileira pelo fenômeno de sobrevivência arcaica da tradição nas colônias distantes. Se isso é possível (e seguem esta hipótese um terno de afirmações erradas) não subsiste dado nenhum que permita uma verificação de ordem objetiva e científica. A palavra *modinha* muito provavelmente foi usada primeiro em Portugal. Isso não tem importância nenhuma. Da segunda metade do século XVIII em diante até quase o fim do século passado existiram modinhas portuguesas e brasileiras de salão. Essas são no geral muito descaracterizadas como expressão étnica. Podem ser às vezes bonitas; como significação racial são água-morna, coisa que não vai nem vem. O serem lânguidas, o serem sensuais, como tendência geral não é suficiente pra caracterizá-las etnicamente. Modinhas brasileiras e portuguesas de salão, desses tempos, se confundem. Estão crivadas da melódica açucarada e bamba comum aos compositores europeus de segunda ordem, que pululavam em França, Itália, Alemanha nos tempos da *ópera comique*, da decadência da *ópera buffa*; das árias e romances ainda bem românticos, e da melodia água doce dos Noturnos, dos romances sem palavras, dos *morceaux de salon*, e peças características timbrando em sentimentalismo. Porém, ao lado dessas modinhas de são, brasileiras e portuguesas, o que reivindica a modinha como propriedade nossa é que ao passo que o povo português fixava a sua canção amorosa especialmente urbana no fado, o povo brasileiro estava criando, mais necessária, mais racial, uma modinha bem diferente da de salão e nela fixou a sua canção amorosa especialmente praceana.

Apesar de muitos fados cantados no Brasil e dos muitos compostos aqui, o fado é português. Não funciona em nossa vida nacional. Apesar de vinda, como palavra, de Portugal, apesar de todas as modinhas portuguesas, a modinha é brasileira. Não funciona na vida nacional dos portugueses

Na verdade as origens da modinha são confusas. Se como

palavra ela vem diretamente de moda, já palavra musical portuguesa, se como forma e caráter as mais antigas modinhas portuguesas e brasileiras ficadas, se confundem, são todas *de salão* e demonstram mais ou menos uma sempre evidente influência geral europeia e erudita: há no entanto um argumento que depõe muito a favor duma origem brasileira da modinha. (Dou o argumento, mas sempre repetindo que isso não é que decide sobre a realidade brasileira da modinha). Não há exemplo duma forma musical erudita a forma musical popular, ter, como forma, se popularizado. Pelo contrário, quase todas as formas eruditas encontram mais ou menos a sua base no populário. As mais antigas modinhas registradas em publicações especializadas ou em viajantes, todas elas demonstram pouquíssimos ou nenhum caráter popular. Todas elas apresentam versos evidentemente eruditos ou de direta influência erudita, e música de caráter sintomaticamente erudito europeu. Ora, desde os fins do século XVIII quem quer que se refira a modinhas em Portugal, fala sempre cantigas *de salão*, ouvidas em salão e tocadas por *gente fina*. Ao passo que os que se referem a modinha brasileira existida no Brasil, já às vezes falam que ela está no domínio do povo e não apenas da gente de salão (provar isso com documentação). E de fato imemorialmente, pelo menos desde fins do século XVIII, quando a palavra modinha aparece se referindo a uma forma especial de canção em língua portuguesa, imemorialmente a modinha é do domínio da gente popular do Brasil, ao passo que como forma jamais em Portugal, não se popularizou. Não sendo crível que uma forma erudita tenha neste caso se popularizado, é muito mais evidenciável que a forma da modinha nascendo e vivendo no povo colonial do Brasil, tenha sido colhida do povo por amadores refinados ou gozadores apenas e desse então transportada pros salões e aí tivesse por deformação erudita adquirido da forma que apresentam as modinhas *de salão* daqueles tempos. Pode ser mesmo que nem tenha havido esse transporte da rua pro salão, mas que a um canto erudito de fundo e forma fundamentalmente europeus, porém já na língua vernácula, a gente *de salão*, compositores amadores, tenham dado o mesmo nome duma forma popular, só pelo encanto invejável desta e a coincidência de língua usada. E assim a ária de salão sem batismo, se tornou modinha, usurpando a individualidade já com nome duma criação popular. E acresce ainda que em Portugal se falou e muito nas modinhas brasileiras ao passo que no Brasil jamais em modinhas portuguesas

Ao falar na evolução da palavra modinha, vinda de moda apenas por diminutivo acariciante que acabou de ficando como gênero definido de canção, dizer que essa transição semântica do termo se surpreende bem o caipira paulista Zico Dias,[37] cantador de modas, a que chama de fato *modas* mas que nas palavras das modas desse disco, fala que *ao cantar esta modinha*. O mesmo fenômeno semântico surpreende entre os caipiras com que privei uma semana na barranca do mojo[38]

Notar que em nossas dias mesmo estamos possivelmente assistindo à fixação duma palavra assim, com o designativo de *marchinha* dado às danças marchas de carnaval. Ninguém dirá *marcha carnavalesca* o que apenas poderá ter outro sentido. Pra designar essas músicas que a gente dança com o *passo* nos bailes e ruas de carnaval, só se usará a palavra *marchinha*.[39]

Disco Victor 33951 (n. m. a. 333): lado A – MARTINS, Roberto e Silva, Walfrido. *Morena que dorme na rede: samba-canção*. Floriano Belham com o grupo do Canhoto. Lado B – ALVES, Ataulfo. *Saudades do meu barracão*.

Modinha – À medida que esta desaparece ou vive mais desatendida dos seresteiros, vai sendo porém substituída pelo samba-canção, que é realmente uma modinha nova, de caráter novo, mas canção lírica solista, apenas com um rítmica fixa de samba, em que porém a agógica já não é mais realmente coreográfica, mas de canção lírica. Ora isso é

---

37. Disco Victor 33395.
38. Disco Victor 33395: lado A – DIAS, Zico e Ferrinho. *Revolução Getúlio Vargas*: moda de viola. Zico Dias e Ferrinho com viola. Lado B – idem. *A Morte de João Pessoa*.
39. Veja capa disco n. 333.

evolução lógica, por assim dizer, fata. A modinha de salão passada pra boca do povo popular adotou mesmo ritmos coreográficos, o da valsa e o da chótis principalmente. Ora estes eram sempre ritmos importados, não da criação imediata nacional. O samba-canção é a nacionalização definitiva da modinha.

Um mestiço Alexandre, aluno do cabeleireiro Frederico Reis que estava instalado no Largo do Rocio, além de cabeleireiro, se distinguia por um talento vocal de imitação extraordinário. Era sopranista, possuindo uma voz mista, de soprano e contralto com que imitava a Charton e a Casaloni, cantando o Trovador, com tal perfeição de enganar. Foi por isso apelidado Alexandre Trovador. E como cabeleireiro e cantador ia na melhor roda da Corte, e aí cantava modinhas de Efreu, José Maurício, Noronha, Mazziotti, Fachinetti, as mais difíceis, e também trechos de óperas que ele mesmo acompanhava ao violão.

Adverte-se aos curiosos que se imprimiu este livro na gráfica Meta Brasil, em 5 de maio de 2022, em papel pólen soft, em tipologia MinionPro e Formular, com diversos sofwares livres, entre eles LaTeX & git.
(v. 281bbb2)